U0459599

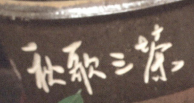

廣東旅游出版社
GUANGDONG TRAVEL & TOURISM PRESS

中国·广州

慢城 梅州

Cittaslow Meizhou

广东梅州文化旅游特色区管理委员会 编著

图书在版编目（CIP）数据

慢城梅州 / 广东梅州文化旅游特色区管理委员会编. -- 广州 ：
广东旅游出版社，2015.9

　　ISBN 978-7-5570-0153-7

　　Ⅰ．①慢… Ⅱ．①广… Ⅲ．①旅游指南－梅州市 Ⅳ．
①K928.965.3

中国版本图书馆CIP数据核字(2015)第155798号

出　版　人：刘志松
策划编辑：何　阳
责任编辑：梅哲坤
责任技编：刘振华
装帧设计：邓传志
责任校对：李瑞苑

广东旅游出版社出版发行
（广州市天河区五山路483号华南农业大学公共管理学院14号楼3楼）
邮编：510642
邮购电话：020-87348243
广东旅游出版社图书网
www.tourpress.cn
广州汉鼎印务有限公司印刷
（地址：广州市天河区棠下高沙工业区广棠路21-23号）

960毫米×1240毫米　32开　11印张　200千字
2015年9月第1版
2015年9月第1次印刷
印数：1-20060册
定价：68.00元

慢/城/梅/州/编/委/会

总 顾 问：黄 强　　谭君铁

顾　　问：周章新　　陈丽霞　李远青　　杜敏琪

主　　编：张文涛

副 主 编：谢小康　　陈小华

执行编辑：陈昱菱　　吴文丹　　郑 捷

图文提供：广东梅州文化旅游特色区管委会

主创团队：张文涛　　谢小康　　陈小华　　郑雅红　　陈昱菱

　　　　　吴文丹　　钟 滢　　郑 捷　　陈 炜　　杨 琳

　　　　　吕显梅　　李维侠　　姚国龙

特别鸣谢：梅州市摄影家协会

CONTENTS

目录

CONTENTS

目录

人来客往

余音绕梁

CONTENTS
目录

独具匠心

回味无穷

CONTENTS

目录

流连忘返

意犹未尽

一封写给慢城的情书

A Love Letter To Cittaslow Meizhou

有时候，慢下来，是为了抵达内心，发现真实的自己。

Sometimes, we just need to slow down to get in touch with our hearts, as well as to discover our true selves.

匆忙中放慢脚步，我如约出现在梅州那如画的山水之中。穿过客家人一路南迁的历史，梅州在慢慢的时光中醒来。我用安静的姿态，也等待着自己醒来。

Taking slow strides away from the city's hustle and bustle, I set foot into the most picturesque landscape of towering mountains and flowing rivers. With the Hakka People's migration south, the dreamy Meizhou slowly awakened from its slumber. In passing through, and with a tranquil mind, I also calmly await my gentle awakening.

这里是梅州，是世界客家人的精神家园；这是在雁洋，在英才辈出的客都明珠。

This is Meizhou, the world's spiritual home of the Hakka People. This is Yanyang, a pearl of talented and excellent men.

走过梅州的山山水水，总是被醇香的气息包裹；穿过梅州的古镇村落，时时为静心的朴实而感动。

Those who have walked amongst Yanyang's mountains and rivers have all carried away with them its sweet, delicate fragrance. Those who have passed through Yanyang's ancient towns and villages have all been touched by its simplicity and serenity.

在田间净心慢走，于心中修篱种菊。品一口清茶芳香，瞬间心田便会开满茶花，那是唯有慢下来才能体会的味道。

While peacefully strolling through the open fields and farmland, I imagine a life of mending fences and planting chrysanthemums. Sipping on a cup of green tea, a field of flowering tea trees suddenly blossoms up in my heart- a feeling we can only taste when we take the time to savour life.

乡绅一体，耕读传家。厚重的宗祠堂联，承载着客家人对山水的守护，对道统的执着。

The gentlemen here are all cultivated and well-read. They would rather lose the land passed down from their ancestors than forget what their ancestors taught them. Their solemn ancestral halls reflect the Hakka People's vow of protecting their local environment, and carrying on their People's great traditions and customs.

水墨青花，刹那风云。悠扬的客家山歌，传递着诗经遗韵的爱情故事；婉转的汉剧汉乐，仍清晰可见南国的芬芳牡丹。

The melodious Hakka folk songs bear the influence of the great love stories from the Book of Songs, the gentleness of Han Opera, as well as the resounding fragrance of the Southern Peonies.

围屋里的天下客家，舌尖上的五味人情。在梅州，诱人的客家美食，品的是甜美，留的是浓情。多少繁复的滋味，勾起的是客家人对梅州的无限乡恋。

At the table sit Hakka people from all over the world, sampling delicious food. In Meizhou, the mouthwatering Hakka cuisine is sweet to the lips, yet always leaving connoisseurs with a much deeper sentiment afterwards. With a rich mix of different flavors, one taste reminds countless Hakka people of their shared hometown-Meizhou.

生活的极致，原本就是在大自然的恩赐中保有一颗宁静安详的心。而梅州用慢生活的理念，探索着一条通向未来的路。

The extremes of life originate both from the gifts of nature as well as in keeping a peaceful heart. The slow pace of life of Meizhou offers a path of exploration into the future.

如果可以，我愿意留在梅州，守着清寂的年华，静看日落烟霞。尽管远离城市，远观繁华，但心不会孤独。

If it's possible, I am willing to stay in Meizhou, seeing out the rest of my days, leading a simple and peaceful existence, watching the clouds at sunset each night. Although I will be far away from the bustle and noise of the city, I will never feel lonely here.

放慢脚步、放松心情、放飞梦想。这里是梦里客家，国际慢城——广东梅州。

Slow down your pace, let your spirit settle, and set your dreams free. This is the paradise of the Hakka, Cittaslow Meizhou.

——品慢客

品慢由心

PINMAN YOUXIN

牵着蜗牛来雁洋散步

上帝给了人一个任务，叫他牵着一只蜗牛去散步。蜗牛慢慢地爬，人显得不耐烦起来，可就在这时，人忽然闻到沁心的花香，听到悦耳的鸟鸣，发现了以前从未留意过的一切美好……这才恍然大悟。

在快节奏的时代，行色匆匆的人们背负了大多太大的压力，甚至来不及体味情感的含蓄和细腻，错过了精彩。为何要如此委屈自己？牵上蜗牛散步去！以蜗牛的速度去寻找、去感悟、去享受"慢"生活的美好，这才是人生的真谛。

有人说，如果在雁洋走一遭，便会觉得"慢城"之称当之无愧。这是一个香、甜、美、好的宁静小镇，农家书屋、绿道驿站、生态足球场、露天广场随处可见，小桥、流水、人家……美丽的乡村胜过城里的公园。邻里之间或是品茶聊天，或是骑车散步，或是健身娱乐，悠哉享受着陶渊明笔下安详、恬静的田园生活，令人羡慕嫉妒恨。

　　在雁洋，绿道蜿蜒在层层林木簇拥中。穿行其间，满眼红花绿草、生机盎然。累了，或在亭子里歇歇脚，或在古榕下乘乘凉。泡上一杯热茶，看燕雀划过树梢时的怡然自得，望悠云缓缓飘在深蓝长空时的恬淡，无比惬意。院落里，有老者在悠闲地下棋，棋风极稳，闲闲地捏着棋子，在手指间摩挲，缓缓地放下，然后抬头看看身边观棋的人，脸上带着洞悉世事的笑，仿佛在说："年轻人，别走得太快，等一等灵魂。"

在阴那，茶山悟道，远离烦恼；在南福，名亭揽心，柚园同裕；在塘心，湖山为伴，天地对话；在大坪，绿道如歌，闲庭信步；在雁上，母慈子孝，简单幸福；在长教、在松坪，围屋人家，田园牧歌……一切，都是唯有慢下来才能体会的味道。

如果你也曾因快节奏、急匆匆的都市生活累得精疲力竭，不妨来到梅州雁洋，尝试一下放慢生活的脚步，放下压力，放松心情，找到自己快乐的生活步调，重拾一种怡然自得的生活境界吧。

小贴士：

牵着蜗牛散步线路：以客都大道为起点，沿旅游景观大道S223线到慢城雁洋，依次可慢慢游览叶剑英纪念园、雁南飞茶田景区、桥溪古韵、灵光寺旅游区、雁鸣湖旅游度假村，欣赏沿途优美风光，体验小资慢生活。

进了村，咱就慢慢走

话说两晋唐宋年间，中原的一些官宦商贾为了逃避战乱，举族南迁，部分辗转来到梅州等地落地生根。为了隐世和便于农耕生活，他们选择背山临水的山谷建造房屋，随着家族的繁衍，慢慢地发展为一个个自然村落，并被完好地保存了下来。村落凭着那浓郁而独特的韵味，吸引着无数人的脚步和眼睛，在这里，停下来，静下来，欣赏、品味，凝神、寻梦……

而最令人流连忘返的，是"藏在深闺人不知"的雁洋镇桥溪村。顺着"九曲十八弯"的山路蜿蜒前行，路旁郁郁葱葱的树木擦身而过，有种在神秘隧道里穿越时空的快感。几许宛转，一处被青山环抱的村落映入视野，山腰隐隐云雾缭绕，灰瓦白墙的房子就着山脚的小溪高低而建，我忍不住地惊叹，莫非陶渊明是一游此地后隐耕而作《桃花源记》？

踏上桥溪村道，莫名感到眼角有些湿润，或许是隐约听到那一座座古朴而又庄重的老屋，像一个个松柏老人，向我讲述着几百年的沧桑故事。初秋微凉的空气，村道的凹凸石板上散落着各色落叶，穿过木桥的小溪涓涓窸窣，房前屋后处处可见缤纷惊艳的花儿，此时我已有种旷世感觉，分不清是古时的我降临现代，还是现在的我梦回春秋……

拾级而上，转弯来到继善楼，古村全景映入眼里，我惬意地在门坪前的藤椅坐下，好客的主人面带憨厚笑容，热情地招呼着数位游客，好像是迎接着久未见面的远亲好友，主人送上的一杯清香绿茶，让我满心融暖，我就像一个流浪天涯的游子终于不再漂泊，情归故里。

小贴士：

梅州名村一览，去过10个你是达人！

中国历史文化名村：梅县水车茶山村、蕉岭南礤石寨村。

中国古村落：梅县水车茶山村、梅县南口侨乡村、丰顺汤南新楼村种玊上围、大埔百侯侯南村、大埔湖寮古城村。

中国传统村落（40个）：

（第一批）梅县水车茶山村、南口侨乡村、桃尧桃源村、雁洋桥溪村、石楼村、松坪村，丰顺埔寨埔北村，蕉岭南礤石寨村，兴宁罗岗柿子坪村；

（第二批）梅江区城北玉水村，梅县松口铜琶村，大埔三河汇城村、百侯侯南村、西河车龙村，丰顺汤南新楼村、埔寨埔南村、建桥建桥村、丰良璜溪村邹家围，平远东石凉庭村、上举畲脑村，蕉岭蓝坊大地村、蓝坊高思村、南礤南礤村，兴宁市石马刁田村、叶塘河西村、新陂上长岭村、刁坊周兴村；

（第三批）梅县松口大黄村、梅教村、南下村、小黄村，南口谢响塘村，大埔高陂银滩村、西河北塘村，丰顺汤南龙上古寨，五华岐岭凤凰村、横陂夏阜村，兴宁径南星耀村、龙田鸡公侨村、龙盘村。

择一城终老，泡一壶光阴

　　"小城故事多，充满喜和乐，若是你到小城来，收获特别多……"正如邓丽君《小城故事》唱到的那样，梅州，这座精致独特而又淳朴动人，既有小资情调又有乡村浪漫的小城，总是吸引着众多游客前来诗意行走，体验客家慢城所特有的慢生活方式。

精妙山水：时光之"慢"

不来梅州不知道，原来山水这么妙。梅州的山，就像客家阿哥，虽然个头算不上高大，但厚实稳重、颇有气势；梅州的水，则像客家阿妹，虽然体态称不上雍容，但灵动清秀、自成风韵。山水间的梅州，春有雁南飞的茶花锦绣，夏有五指石的桐花万里，秋有仓子山的枫彩如画，冬有雁鸣湖的梅海香雪，一年四季，美不胜收。山水间的梅州，可以到"粤东群山之祖"阴那山极目登高，在白云深处眺望赣州、汀州、梅州这三所客家人共同的心灵家园；可以从千年古镇—松口起航，顺江而下至三河、大麻，再穿越潮汕、漂洋过海，重温客家先祖当年下南洋、闯世界的艰险不易；可以走进神秘的上举龙文，俯瞰梯田体验"又见炊烟升起，暮色照大地"的静谧安然；还可以牵着恋人的手漫步在麓湖山的杏花春雨中，感受人生最浪漫的事，原来是和她一起在梅州慢慢变老。来到梅州，我们自会放慢脚步、放松心情、放飞梦想，来一场与山水的神交，来一次让心灵回归自然的清新之旅。

清新空气：养心之"慢"

　　不来梅州不知道，原来空气这么香。当钢筋丛林的人们还在"十面霾伏"中奋力做到"自强不吸"的时候，梅州这座天然的大氧吧已经实实在在地把我们"氧"了起来。高达72.7%的森林覆盖率，全年100%的空气质量优良率，每立方厘米96800个负离子，以及传说中如兵乓球大小的负离子个头，成就了梅州这片远离尘世的"桃花源"，也让许多人找到了一处身体和心灵的最佳庇护所。无论是在大埔大东的千亩花海中徜徉，与鸟语花香作伴；亦或在梅县雁洋的灵光寺礼佛，与瀑布山林共鸣，都让人深深体悟"恬淡逸悠然"和"此心安处是吾乡"的安宁与惬意。

悠闲生活：品味之"慢"

　　不来梅州不知道，原来生活这么慢。2014年6月，梅州雁洋被国际慢城联盟正式授予"国际慢城"称号，成为中国第二个国际慢城。正如国际慢城联盟前任主席马可尼先生所说，慢是一种品质，慢是一种姿态，慢是一种情趣。在梅州，美好而缓慢的一天从一碗香喷喷的腌面开始，在一杯清茶、几句闲聊中结束。在梅州，"月光光，秀才娘，骑白马，过莲塘……"这些原汁原味地保留着中州古韵的客家童谣依旧在孩童们的口中哼唱。在梅州，不用时光穿梭机，松口、茶阳、三河，这一个个古镇，桥溪、南口、茶山，这一座座古村自会带我们穿越时空，探寻客家人筚路蓝缕、一路南迁，又帆樯成帷、漂洋过海的漫漫历程。

　　梅州，她置身于田园诗般的画卷中，有岁月的沉积，有文化的底蕴，有独特的民俗风情，更有数不尽的饕餮美食。古桥古道古村落，慢食慢行慢生活，养眼养心更养寿，宜居宜业又宜游，能不忆梅州？

国际慢城代表介绍

意大利奥维托 ——世界上的第一个慢城

"把街道还给步行者、把广场还给咖啡店。"

这是一个中世纪的古老山城，看不到霓虹灯、广告牌、连锁超市，有的是成群的牛羊、黄绿相间的田野、传统色料粉刷的老房子，田园牧歌式的轻松与惬意扑面而来。当地政府坚持"修旧如旧"理念，创造性使用当地石灰岩块进行修缮，反污染、反噪声、反量化，把生态理念融入到城市的每一座建筑、每一条街道、每一个产业。

韩国曾岛 ——永远都没有化石燃料汽车的慢城

350辆公用自行车分放在岛内各处，市民和游客可以免费使用，充分体验慢行带来的乐趣，享受"家一样的感觉"。这里有韩国规模最大的太平盐田，通过盐博物馆全方位还原千日盐的传统制造场景，游客可以充分感受忍耐和汗水，细细品味制造过程中"慢"之美学。

德国伯兴 ——世界上最小的慢城

只有260个居民的伯兴村没有任何工业，村民们每天或者在刷墙、修房子，或者在花园里种植花草。现在这个小村子已经成为一个别致的花园，不仅有各种观赏植物点缀其间，还培养了许多可供食用的植物种类，做到了名副其实的"秀色可餐"。

荷兰法尔斯 ——三国交界的慢城

位于荷兰、比利时、德国三国交界处的法尔斯是著名的观光休闲小镇。由于地理位置的特殊性，法尔斯相当国际化，超过70个民族的文化在此融合。它拥有许多博物馆、教堂及纪念碑，大片原野、灌木林、小径和砖木结构的小屋勾勒出迷人的乡村风光，丘陵、峡谷、森林带来多变的景色，给骑行和漫步的人们带来步移景易的惊喜。

中国桠溪 ——中国的第一个慢城

2010年11月，"桠溪生态之旅"被正式授予国际慢城称号，成为中国第一个国际慢城及国际慢城联盟中国总部。三分山、两分水、五分田的生态黄金比例，山水城林融为一体，让这一江南小城别具韵味。这里有精心设计的六大体验项目：慢城博物馆、慢城农场、慢餐厅、慢旅居客栈、华东最大四季花田和《印象高淳》文艺演出。

百看不厌

BAIKAN BUYAN

松口·恋曲1930

　　梅县松口，一个拥有1200多年历史的古镇，她虽不像西安那般古色古香，却处处有着动人的不老传说。如同一本泛黄的古籍，刻满了历史的痕迹，令人不禁驻足停留，细细品味。

　　这里的人们告诉我，自古有"松口不认州"之说，我心想：好大的口气。殊不知，追溯历史，还真是这么回事。原来，松口港曾是广东内河第二大港，旧时江西、福建及蕉岭、平远一带的人出洋多是从这里坐船经汕头出国。于是，火船码头便成了历史上客家人漂洋过海、背井离乡下南洋的第一站，曾有着"日看千帆过、夜看万盏灯"的辉煌。

　　驻足于火船码头，光滑的石阶、历经风雨的船墩无不在述说着沧桑，细数着当年多少阿哥与阿妹挥泪告别、依依不舍的场景。我想，对于客家地区众多海外游子而言，这里就是一个割舍不去的记忆符号。

　　正对码头那四层高的欧式洋楼松口大酒店，格外引人注目，楼面上仍清晰可见它的英文名称"HOTEL TSUNG KIANG"。传说这是20世纪初梅州地区最大的旅店，也是当年众多华侨出南洋或由南洋回国探亲时曾落脚的地方，它见证了无数的悲欢离合。"如今，每年都有许多海外老华侨或者侨裔到这里寻根问祖。"一直居住在镇上的八十岁高龄的邱伯如是说。

　　漫步于中国历史文化名街——松口古街，骑楼式欧陆南洋风格店铺大部分仍完好地保留着，听说这里曾经商贾如云，有"不夜城""小香港"之称。每个过往的游客，都爱在这里拍照，镜头中的一切就像是穿越了时光，回到了民国。远远地我看到了孩童在深巷里嬉笑玩耍，不时传来小贩的阵阵叫卖，仿佛古时候松口的繁华之景已然重现。

除了古街，古建筑也是松口古镇浓墨重彩的一笔。细细打听，不少古民居背后都或多或少有着传奇故事。有400多年历史的明代客家围龙屋世德堂便是一大典范，为"三堂不见瓦"的殿堂式建筑，甚是独特。相传它还是明末皇帝崇祯儿子的侍读李二何，携明太子朱慈烺潜返故乡松口时建筑的"明朝最后一座行宫"。而由李二何当年倡议募捐的九层八角巨塔元魁塔也有来头，据说李二何24岁在乡试中一举夺得解元，但在此后六考六败，他认为是松口梅溪出口处"山川文峰欠佳"。为弥补风水不足，于是倡议募捐建造此塔。此塔成，李二何果真平步青云，后来官至翰林编修，教崇祯皇帝的太子读书。不知你信不信，反正我信了。

我总觉得，这里的每一处景致，好像都在散发着独特的文化魅力，也正因为如此，才造就了今日松口的独特灵韵。

小贴士:

在松口这个小镇上，还新建了中国移民纪念碑、纪念广场以及世界客侨移民展览馆。这是由联合国教科文组织发起、国内唯一的移民纪念项目，旨在促进散居世界各地华人之间的联系，该项目相继在马达加斯加、留尼旺、毛里求斯等地建设。若你对这段历史也感兴趣，不妨到松口一探究竟。

千年古镇，独有灵韵。只是，千年的松口古镇又岂是一朝一夕能读懂的？但不管你懂与不懂，它就在那里，不骄亦不馁，静静地诉说着她的千年传奇……

走在佛祖的掌纹里

《南台缘》
作词作曲：陈小奇

前生应该和你有过一段缘，晨钟暮鼓依稀敲了千百年。
清风中你静静卧在天地间，心静如水，你我相看两不厌。
今生注定和你会有一段缘，白云深处叩访了你千百遍。
夕阳下你静静留下一个梦，鸟静山幽，你我相对两忘言。
我是不是你脚下的那朵莲？等待着你含笑拈花的指尖。
你是不是我许下的那个愿？缥缥缈缈总萦绕在我心间。

这里有世界第一大天然卧佛南台山，有宛如一只浑厚佛掌的五指石，漫步云端天道，就像走在佛祖的掌纹里……慢游平远，注定与佛结缘，收获一份安宁与平静。

　　"山是一尊佛，佛是一座山"。天下以卧佛命名的景不少，但是平远南台山天然大佛身长五千多米，宽约一千米，横贯粤赣两省，佛身在广东，佛足深入江西，使它获得了"世界第一大天然卧佛"的殊荣。南台山发育于一亿多年前的侏罗纪中晚期，是典型的丹霞地貌，被誉为"粤东八大名胜"之一。山上大小寺庙在石间岩下密布，山下大佛寺气势恢宏。卧佛由群山作床，其头、身、足三山连亘。佛首为南台山，山上的石、竹、绿荫、山径、亭阁和寺庙分别呈现为卧佛的发髻、额、睫毛、鼻梁、双唇和下颚；佛身是青云山，宽广的胸膛、浑圆的腰自然分明；匀称的双腿和脚板跷起的佛足则是紫林山的大部分。日落之际，只见背后霞光万道，整座山便成了一张惟妙惟肖的卧佛剪影，令人无比敬仰。

同是一片丹霞地貌，五座凸起的雄峰，加之孔子像、老子像、雄鹰展翅、白象戏水等大自然的鬼斧神工，造就了平远的又一方胜景——五指石。遥望五指石，只见五座石峰拔地而起，耸立在披满翠绿的山坡上，宛如一只佛掌，直指天空。五指石下石林寺是粤东四大名寺之一，寺内梵音传唱、烟云袅袅、香火旺盛。沿着石径小路穿行，便是一片原始森林，茫茫林海，尽收眼底。一线天小雨不湿、寒风不入；千年古枫枝干道劲、高耸入云；聪明泉泉水清澈、源源不断……除却这些，五指石最不能错过的风景，还是那依绝壁而建，全长8.7公里的空中栈道。

　　踩着脚下的梅花桩，穿过古树掩映的贵妃谷，一条蜿蜒而上、盘在山腰的栈道便映入眼帘。一边是陡峭的千仞石壁，另一边是深邃的万丈深渊，气势恢宏、壮观至极！拾级而上，沿天道不断向前，眼前顿时变得豁然开朗，一场惊心动魄之旅随之拉开序幕。人行其上如同悬挂在半空中，头顶是峭壁，脚下是悬崖，让不少游客直呼头晕。不过，四周雄、奇、秀的风光很快就能让人放松下来，只见丰腴的山体毫不掩饰地裸露她婀娜的身姿，一幅幅巨型的天然丹霞画作在眼前铺开，细细观察，步步异景，惊喜连连。平远天道，真不愧为人工雕琢与天然生成共同缔造的一道独特奇观！

参考行程

08:00 — 09:30：由梅州城区乘车前往平远县城，在石龙寨景区远观南台卧佛全景；

09:30 — 10:30：由平远县城乘车前往平远差干镇，沿途欣赏美丽乡村风景；

10:30 — 12:00：坐船游览美丽的相思河，令人赏心悦目；

12:00 — 13:00：品平远农家菜，享用特色午餐；

13:00 — 16:00：游览五指石及高空栈道，近看奇山怪石，远观粤闽赣旖旎风光，之后返回。

灵气暗涌的群山之祖

阴那山是梅州首屈一指的胜景名山，为粤东群山之祖。据说这里云集了神山、群峰、奇石、翠瀑、浮云之美景而秀甲潮梅，名播闽粤。

　　阴那山位于国际慢城雁洋境内，从南福村开始，沿着长约10公里的盘山路，峰回路转数十旋，一直延伸至海拔超千米的山上。下车，眼前尽是山势雄浑、峰峦叠翠的画面，不禁深呼吸，只想好好享受在这片省级自然保护区怀抱里的感觉。

　　极目远眺，山上有奇峰，五峰并聚直插云霄，形似五指，故称"五指峰"。而就在五指峰北坡的茶泉湖畔，你一定想不到居然屹立着全球海拔最高的科普天文台，每年都吸引着一大拨来自全国各地的天文爱好者前来观天、察星……也不知能否看到"来自星星的你"呢？

　　凌晨时分，拾级而上，经九百九十九级"天梯"，便抵达海拔1298米的玉皇顶，体验"一览众山小"的"高大上"，更能东看汀州，西望梅州，东南俯瞰潮州，山川秀色尽收眼底，难怪古有"五指峰巅极目舒，白云深处望三州（梅州、潮州、汀州）"的咏叹。不知不觉，霞光已染半边天，一轮红日渐渐地从东方冉冉升起，云蒸霞蔚，颇为壮观，唯我独享，甚是满足也！

在阴那山麓，更有灵光寺、万福寺两名寺，据说皆是惭愧祖师潘了拳于唐代结茅修行之处。惭愧祖师对阴那山独具慧眼，让这"一山两寺"更显灵气暗涌。

国家ＡＡＡＡ级景区灵光寺，有着令人费解的"灵光三绝"：尽管香火鼎盛，但香烛浓烟却从宝殿顶端的螺旋形风斗"八藻井"散出，使殿堂终年清新，此为一绝；殿顶外古树参天，但瓦面片叶不留，此为第二绝；寺前挺立两棵古柏，一荣一枯，一生一死，荣者枝繁叶茂，枯者腐而不朽，此为第三绝。

而万福寺则临韩江，前招帽岭，背倚五峰，四周林木浓密怪石嶙峋，有通天蜡烛、猴石上树、仙龟落井等"九怪""十八奇观"。万福寺香火也极为旺盛，听说观音殿开光时，晴朗的天空中还真的出现了七彩祥云。来到寺庙礼佛禅修，再品一杯禅茶，心灵不知不觉慢下来。

小贴士：

若想在阴那山观看日出美景，可以头一天抵达灵光寺，夜宿景区内吉祥天大酒店，第二天一早登上五指峰顶等待日出，幸运者还可能看到"灵光"的出现噢。

此物最相思

红豆生南国，
春来发几枝。
愿君多采撷，
此物最相思。

　　平远是一个与爱情有关的地方。邂逅爱情，谁说非得去艳遇之都丽江，在平远，即便是亲手制作一条红豆手链，来一次与鸳鸯的近距离接触，或许爱情也就不期而遇。与你最爱的人一起泛舟于相思河上，漫步在相思谷前，置身优美静谧的山水间，将使爱情更加坚固和长久。

　　平远的秋从来都不单调，除了枫林，相思林是最亮丽的风景线。红豆又名相思豆，每逢春夏之交开花，作淡白轻黄色，至深秋结实，颗颗娇艳似火。1300多年前，只因诗人王维的一句"此物最相思"，它便成了爱情与思念里最永久、最古朴的信物。

初秋的南国，在平远相思河景区，这个拥有南国最大的野生红豆林的地方，每年都举办声势浩大的相思盛典——闽粤赣（平远）红豆相思节。不如趁此机会，一起去聆听有关红豆和相思的故事，去看看相思树上结出的果子，因与秋日邂逅而红了思念的颜色。若问红豆在何处，只言相思河中相思悟。有着"差干小桂林"之称的相思河，碧水青山，风光旖旎，十里水路十里画廊。千年古驿道、古桥、古梅，古色古香，耐人寻味。

　　相思谷，听这名字风情万种，行走其间，更是令人如痴如醉。一弯清溪在峡谷中蜿蜒，与满山红豆林缠缠绵绵，彷如恋人难分难舍。相思的泪水汇成相思湖，湖水沿山崖飞泻而下，便是相思瀑布。据说，如果携手心上人在相思谷中拾红豆，相思湖畔诉衷情，相思瀑布许前缘，必能感动月老，让有情人终成眷属。即便一个人来，也不必懊悔，手握红豆许个愿，灵动的山水定能为你默默传情，幸福牵手了却相思。如此画面，让人不得不感叹大自然之奇妙！

　　南国小城平远的秋，因为有了满树相思果，变得缠绵热烈，让人流连忘返。请你在平远的秋，来一场与红豆的邂逅，此物最相思。

小贴士：

　　秋天的平远，红豆多情、枫叶浪漫、橙国飘香。每年的这个时候，都会举办特色主题节会活动，如9月相思河的闽粤赣（平远）红豆相思节，11月的平远慈橙文化旅游节，12月的上举客家相思谷红叶节……

　　下一次，约定你啦！

天堂里的时光天梯

　　人与自然最和谐的杰作莫过于梯田了，久闻大埔大东坪山梯田颇具规模，其壮美或可与云南元阳梯田和广西桂林龙脊梯田相媲美。于是，寻了一个油菜花盛开的好时节，我毅然闯进这片人间天梯。

坪山梯田层层叠叠千余亩，阡陌纵横，线条流畅，蔚为壮观，古人谓之为"原田膏润""马岗欢舞"。油菜花密密匝匝汇成花海，在阳光的照耀下熠熠生辉。春风吹来，又如姑娘的长裙，摇曳生姿。沁人肺腑的香气氤氲在梯田，客家古村的明清建筑掩映其间。夕阳西下，梯田、民居、农妇、田间牛哞，还有那袅袅炊烟，如诗如画，置身其中，恍如世外桃源。我尽情地呼吸，仿佛忘却了时间，怡然自得地享受着这美好的一切……

据说在春耕和夏种之时，水满田畴，梯田如同千万面形状不一的镜子，错落有致地镶嵌在群山环抱中。而到了早稻和晚稻收割之际，梯田更是美得一塌糊涂，山村打破了昔日的宁静，村民忙着割稻子、挑竹担、打谷子……呈现出一派喜气洋洋的丰收画面。

据当地人介绍，坪山梯田已有600多年的历史了，始辟于元末，完工于清初。令人惊叹的是千多亩梯田仅靠两条引自3公里外山溪的水渠蜿蜒伸入。由于梅州多山，有"八山一水一分田"之称，缓坡、山地便成为开垦梯田、扩大耕地面积的首选。这是客家民系对山地环境长期适应的结果。可以说，梯田是人们用汗水和智慧开辟出的希望庄园，蕴含着梅州客家先民利用自然改造自然的开拓精神。正如一首客家山歌所唱："客家山区多梯田，层层叠叠叠上天；云间添上泥砖屋，再搭草棚傍溪边。"在坪山，深幽的山林，盎然的田野，古老的村庄，再加上淳朴的村民，便造就了天人合一、怡然自得的梯田美景，虽不经意，却成经典。

　　小贴士：

　　如果觉得只是看个坪山梯田还不够过瘾，那么，还可以到"世界长寿乡"蕉岭县的蓝坊镇赏高思梯田，或者到素有"中国绿色名镇"美称的平远县上举镇赏龙文梯田，也许，有你意想不到的收获噢。

47

"八""九"不离"史"

　　嘿，要说这"八"与"九"，可不仅仅是数字那么简单。在梅州，"八"与"九"所代表的，恰恰是两处养在深闺、人少景美又有不一般意义的出游胜地，别说我没告诉你！

　　"八"指的是以山多出名的丰顺县八乡山，境内层峦叠嶂，地形复杂，平均海拔600多米，气候高寒且多变。客观条件的恶劣，在特殊年代对革命火种的存续有着特殊的意义，这里因此成为著名的东江纵队根据地，东江第一次工农兵代表大会在此召开，东江苏维埃政府和红十一军也在这里成立。作为革命老区，八乡山今儿个已是大变样。茂密的丛林遮住似火的骄阳，投下一片绿荫，清新的空气沁人心脾。峡谷里，深涧流水野花媚，平添几分情调；高山上，春茶早已采摘完毕并陆续上市；田地间，农民掀起长长的番薯苗，掐算着收获时间。6公里长的大峡谷，集观光休闲、四季花海、漂流探险等于一体的度假胜地，正在拉开神秘面纱⋯⋯观瀑布、听松涛、赏竹海，整个八乡山宛若世外桃源。

"九"则是星火革命摇篮梅县梅南九龙嶂，光听名字就觉得"高大上"。的确，九龙嶂因其99座山峰连成形如蛟龙的九条山脉而得名，主峰菩萨耳海拔1186米。远看，山高谷幽，云山雾海；近看，田野古道、小桥流水人家。还有那奇特壮观的瀑布群和冰臼群，山涧飞扬、碧波涟漪……不愧为避暑胜地、天然氧吧。更让人意想不到的是，九龙嶂还是粤东地区最早建立

的革命根据地之一，广东工农革命军东路第十团的团部就设在此。当年，朱德、陈毅、林彪、罗荣桓、聂荣臻和叶剑英等6位元帅都选择此地从事革命活动，罗瑞卿、谭政、刘永胜、古大存等14位军级干部以及80多位部、省厅级干部，都在九龙嶂的崇山峻岭之间战斗过，留下了光辉的足迹。现深山里还留存有一些破旧瓦房，正是他们曾工作居住之所。如今的九龙嶂，全长约6公里的红军绿道就在顺山而下的九龙溪畔，沿途还有古松群、红军桥等景点。游九龙嶂，重走红军路，看山水秀美，品高山茶香，此行，足矣。

千万别说你已被上面的"八""九"历史吓到，真不必惊讶，在梅州，全市八个县（市、区）全部被认定为中央苏区！据不完全统计，在土地革命战争时期，梅州人民为革命牺牲了4500多名英雄儿女。先辈们的奉献，铸就了梅州全域一片红的历史事实和崇高荣誉。若想来场真正的"红色+生态"游，毫不犹豫，就到梅州。

小贴士：

梅州目前拥有一批国家和省级红色旅游经典景区，主要包括梅县叶剑英纪念园、五华老红军古大存故居、蕉岭抗日英雄谢晋元故居、丰顺老红军李坚真故居、大埔"八一"起义军三河坝战役纪念园等。

梅州市主要景区景点一览表

序号	景区名称	级别	地址	联系电话
1	雁南飞茶田景区	AAAAA	梅县区雁洋镇长教村	0753-2828888
2	叶剑英纪念园	AAAA	梅县区雁洋镇雁上村	0753-2825206
3	雁鸣湖旅游度假村	AAAA	梅县区雁洋镇南福村	0753-2830886
4	灵光寺旅游区	AAAA	梅县区雁洋镇阴那村	0753-2827805
5.	客天下旅游产业园	AAAA	梅江区三角镇东升工业园侧	0753-2179908
6	长潭旅游区	AAAA	蕉岭县长潭镇	0753-7892758
7	百侯名镇旅游区	AAAA	大埔县百侯镇侯南村	0753-5760361
8	泰安楼客家文化旅游产业园	AAAA	大埔县湖寮镇山子下村	0753-8663066
9	千佛塔宗教文化景区	AAA	梅州市东郊大东岩山	0753-2290362
10	神光山国家森林公园	AAA	兴宁市福兴街道	0753-3268804
11	五指石风景名胜区	AAA	平远县差干镇	0753-8273252
12	客家相思谷景区	AAA	平远县上举镇畲脑村仓子下	0753-8288666
13	相思河风景区	AAA	平远县差干镇加丰村	0753-8273898
14	西岩茶乡度假村	AAA	大埔县枫朗镇西岩茶场	0753-5753288
15	张弼士故居旅游区	AAA	大埔县西河镇车龙村	0753-5643738
16	坪山梯田旅游区	AAA	大埔县大东镇坪山村	0753-5710193
17	富大陶瓷工业旅游区	AAA	大埔县高陂工业园	0753-5853238
18	三河坝战役纪念园	AAA	大埔县三河镇	0753-5400011
19	江畔人家休闲度假区	AAA	大埔县青溪镇汀江大桥	0753-5620138
20	热矿泥温泉山庄	AAA	五华县转水镇维龙村	0753-4877267
21	益塘水库旅游区	AAA	五华转水镇益塘村	0753-4898193
22	龙鲸河漂流景区	AAA	丰顺县大龙华镇	0753-6396702
23	梅江夜游		梅江区	0753-2291199
24	阿鲤廊梅台农业合作示范园		梅江区西阳镇鲤溪村	0753-2877298
25	桥溪古韵景区		梅县区雁洋镇桥溪村	0753-2828889
26	阴那山旅游旅游区		梅县区雁洋镇南福村	0753-2839888
27	松口古镇文化旅游区		梅县区松口镇	0753-2762716

序号	景区名称	地址	联系电话
28	麓湖山文化产业园	梅县区南口镇麓湖山	0753-2419888
29	侨乡村旅游区	梅县区南口镇侨乡村	0753-2411249
30	佳禾四季现代农业园	梅县区南口镇葵岗村	0753-2686777
31	中国客家博物馆	梅江区东山大道小溪唇	0753-2233637
32	泮坑旅游度假村	梅江区三角镇泮坑村	0753-2305281
33	樱花谷爱丽丝庄园	梅江区城北镇扎上村	0753-2389898
34	鸿源生态园	兴宁市坭陂镇合湖村	0753-3738888
35	欢乐崖家文化旅游度假村	兴宁市新陂镇上长岭村	0753-3889888
36	金穗山庄	平远县中行镇快湖村	0753-8125138
37	南台山卧佛文化旅游产业园	平远县石正镇	0753-8840162
38	镇山国家森林公园景区	蕉岭县城石伯公路	0753-7186809
39	瑞山生态旅游度假村	大埔县洲瑞镇嶂岸村	0753-2331799
40	万福寺宗教文化旅游区	大埔县大麻镇坑尾村	0753-5420176
41	花萼楼	大埔县大东镇联丰村	0753-5716287
42	龙归礤瀑布景区	丰顺县汤坑镇东联横东村	0753-6519328
43	千江温泉度假村	丰顺县雄风大道金河桥头	0753-6688888
44	金德宝凯悦国际温泉度假村	丰顺县汤坑镇	0753-6333333
45	砂田黄花村乡村旅游区	丰顺县砂田镇	0753-6322669
46	八乡山生态旅游风景区	丰顺县八乡山镇	0753-6880034
47	七目嶂旅游区	五华县长布镇大田村	0753-4886388

口口相传

KOUKOU XIANGCHUAN

听说明皇太子来过

你从朋友那儿听说，明皇太子曾来过。

你说亲爱的京城太远，火车太挤飞机危险马车没马走路又太遥远。我说亲爱的，我带你去松口镇世德堂，我带你去，去看那位遗落在民间的皇室珍珠。

亲爱的你看，我们现在看到的就是在松口镇本地有"明朝最后的行宫"，亦称是"缩小版的皇宫"。这里就是明朝最后一位太子朱慈烺为光复明朝安营扎寨的地方。

亲爱的你看，写在这座"缩小版皇宫"的楹联写到"保世滋太，明德惟馨"，开头两个字的组合，居然是"保明"！？反清复明如此直白。

亲爱的你慢慢走，尽管大门前面原有的大广场、大花园已随岁月流逝被众多后裔的屋舍蚕食了，但穿过大天井甬道，迈上二级石阶，就可看见石阶两旁置放日月犀，天井两旁设南北花厅，分别有音乐室和警卫室。

亲爱的你慢慢走，踏进正堂，只见堂中四根红柱直顶梁上金杠，金杠四周镂刻着十八只形态迥异的仙鹤，据说是意为明代全国十八省的每省一学士集中朝拜天子。前后金杠之间架有木制天桥，俗称仙人桥，上面镂刻金色双龙戏珠。

　　亲爱的你再瞧瞧这边，地下两边有木制屏风竖立，若遇盛大朝议或庆典，活动的屏风就可拆下而成大堂。

　　亲爱的你听这童谣唱："太阳三月十九生，家家户户点红灯。太阳一出满天红，家家门前挂灯笼。太阳明明朱光佛，四大神明掌乾坤。"

　　亲爱的，下次你可以骄傲地和你的朋友说，对挤火车买飞机票走路去参观皇宫的朋友说，你也曾见过也最接近过皇宫。他或不曾见过，而你走过这个明朝最后行宫的每块地砖，猜测着明朝最后的太子曾经在这里居住与为兴复朝代所有过的忧思。

　　而且你可以告诉他们大隐隐于市，皇恩浩荡，说不准你身边的梅州的朱姓人家，就是"一个不留神"的皇亲贵胄，且行且珍惜吧。

施主，喝了这杯茶

施主，请您给小僧喝三杯茶的时间。

施主，请喝这第一杯茶。

第一杯茶为感谢与欢迎您来到有1500年历史的，原名为"圣寿寺"后改名的"灵光寺"。为什么要改名灵光寺呢？这还要从一段传说说起。

明洪武十三年（1380）七月，粤东御史梅鼎出巡视察民情，乘船由潮安到梅县，当经过松口蓬辣滩时，忽遭遇狂风暴雨，只见天色骤变，河水迅猛上涨，木船随风漂荡，江水涌入船舱，片刻间，船篙失灵，颠簸将覆。当时的场景可谓是真实版电影《2014》，也难怪船上的梅御史和随从们个个面露惧色，胆战心

惊。而就在千钧一发之际，忽见一位和尚从岸上快步登船而来。他手挥拂尘，合掌闭目，盘腿坐在船前，口内念念有词，霎时，阴霾扫去重见天日，风止雨停河面恢复风平浪静，船中的水也转眼退尽，众人化险为夷。正当梅鼎惊魂初定想上前请教和尚时，和尚化作一道祥光拂去。

事隔多日，梅御史来到阴那山圣寿寺进香，见佛殿中央供奉的一尊木雕佛像，与船中所遇救命恩人一模一样，惊讶不已。向寺僧打听，方知他便是开山祖师潘了拳，四十九岁坐化成佛，称为惭愧祖师。梅御史听后，即命拨出白银千两扩建修寺，五年后竣工。梅御史念惭愧祖师威灵光大，便将"圣寿寺"改名为"灵光寺"，在正门石匾上题写"灵光寺"。施主有心可以登五指峰观看日出美景和山顶风光，在前一晚到达灵光寺，丑时（凌晨1点至3点）前登上最高峰玉皇顶等待日出，或可看到惭愧祖师"祥光"再现，这也是极好的。

施主，请喝这第二杯茶。

  要为施主讲述的第二个传说，是关于在灵光寺中供奉的一位"太子菩萨"。话说当年李自成攻下北京城后，崇祯皇帝自缢，显赫一时的明王朝从此终结，而其长子朱慈烺悄然逃生。这个明王朝最后的太子命运究竟怎样呢？有关他的传说扑朔迷离，众说纷纭。

  相传当年崇祯太子朱慈烺曾被李自成军俘获，同时被俘还有东宫侍读（太子的老师）李二何。李自成军西进路上，太子和李二何结伴出逃。为了躲避捕拿，他们历尽艰辛，一路逃到了李二何的家乡嘉应州（今广东梅县）的阴那山。

  吴三桂引清兵入关，击退李自成，清朝铁骑席卷江南入主中原，朱慈烺眼见明朝复兴的希望破灭，自己又偏处一隅，没有什么可凭之资，心灰意冷之际，便削发为僧，潜心向佛。于是，灵光寺中出现了一个不同寻常的和尚，法名为"㶅"（"大岁"，读huò）。"㶅"和尚逝后，敬为"太子菩萨"。直到辛亥革命成功，清王朝成为了历史，太子一案才不必再顾及政治

风险，一些文人开始在自己的著述中明说此事，举例印证"蘙山和尚"就是明朝末代太子朱慈烺。

施主，请喝这第三杯茶。

一万年太久，只争朝夕，而过去太久，我们就近说说当下，您手中的"灵光寺禅茶"。老古言语：净涤身心唯禅茶。

禅茶是指寺院僧人种植、采制、饮用的茶。禅是一种境界，讲求的"禅茶一味"，"禅"是心悟，"茶"是物质的灵芽，"一味"就是心与茶、心与心的相通。

正所谓正、清、和、雅，禅茶与千年古刹、千米高山、千亩茶田融为一体。这里，常年云雾缭绕，早晚温差大，土壤含有机质高，非常适合茶叶的种植。灵光寺禅茶，每天伴随着梵音缥缈、晨钟暮鼓，使茶树的每一片青芽都充满了灵气。灵光寺禅茶茶质好、灵气足，那种妙处就相当于盘古由混沌孕育，孙悟空从石头里长成蹦出来，效果是极好极好的。

施主，喝罢三杯，哇，不得了啊不得了，施主你有道灵光从天灵盖喷出来，来，我们再品，不"醉"不归。

殿前生死相依的爱情

客官，您好，我是枯柏树，我的外观容貌已经枯萎，站在我隔壁的荣柏树依旧是安静的美男子。因为我和荣柏树外貌的差别，人们称呼我们为"生死树"。现在许多年轻男女已经把这个名称升华到爱情的高度，他是郁郁葱葱、爱河永浴，而我是刚健不朽、天长地久，我们相依为命，坚贞守护。

我们矗立在闻名遐迩的梅州千年古刹——灵光寺门前的草坪上，古刹除了令人赞叹的灵光寺"一绝"——寺中雄伟壮观的主殿大雄宝殿常年香火鼎盛，但任何情况下，都不会烛烟薰人；"二绝"——大雄宝殿后面山上绿树繁荫，但大殿屋顶上没有一片树叶；还有我们是灵光寺第三绝——生死树。我们根植于大雄宝殿前，高30多米，荣柏树枝繁叶茂，傲然挺立；而我高度相当，干大枝壮，枯而不朽，我们已经风雨同舟1100多年。我在330年前枯萎，荣柏树告诉我只要外枯里不枯，我仍然能生长如旧，见证冉冉光阴。

　　我们所在的灵光寺依山建筑，面积6000多平方米，自古远近闻名，吸引大量游人参观。除大殿外，还有金刚殿、罗汉殿、诸天殿、观音阁、钟鼓楼、经堂、客堂、斋堂等。每天我们一起并肩站立，看灵光寺香火鼎盛，回忆不少仙踪灵迹、神奇传说，　如"五色雀""无笃石螺""片生熟鱼"，以及一些珍稀植物等灵迹。据说有很多有心人曾在阴那山上见过"五色雀"、"无笃石螺"、"片生熟鱼"等灵迹，关于这些事情，其实是这样的——

在灵光寺内曾有一个佚名方丈，当时他主要弘法涅磐经，宣扬"一切众生，悉有佛善"和"慈悲为怀，诚戒杀生"的理念。在一个天灾频繁的冬天，佚名方丈收容了很多饱受饥荒的百姓，由于人员众多，寺中口粮一下就紧张起来。百般无奈下，为了给百姓增加食物，专事厨房的小和尚背着方丈偷偷到山间捕捉鸟儿，并冒着严寒在冰冷的溪涧捕捞鱼儿和石螺。一天午后，正在向收容的百姓讲述涅磐重生的方丈闻到了从厨房飘出的鱼肉香，眉头一皱，说了句"阿弥陀佛！罪过罪过！"就起身疾步奔向厨房，当看到锅中的片生熟鱼、网中奄奄一息雀鸟以及被剪笃的石螺时，方丈暴怒地喝斥小和尚住手，并召集众僧将小和尚绑在寺院外的柱石上，准备按寺规授罚。

　　情急下，小和尚道出原委，寺中的百姓闻讯纷纷向方丈求情，但方丈怜悯生命，为雀鸟松网后一一放生，要求小和尚将片生熟鱼、被剪笃的石螺填埋入土，并"决绝"坚持要体罚小和尚。于是小和尚手捧着片生熟鱼、被剪笃的石螺往后山走去，一路上，小和尚一想到要接受惩戒就泪水涟涟，泪水滴到了片生熟鱼、被剪笃的石螺上。这时，神奇的事发生了，转眼间，片生熟鱼、被剪笃的石螺突然活过来了。当时正直严冬，后山池水却转眼间盈满了，池中的莲花也竞相开放了，小和尚小心翼翼将片生熟鱼、无笃石螺放回水中。从此，经历重生的石螺、熟鱼繁衍生息，就成了人们现在见到的一半深色一半浅色的鱼儿和无笃石螺。而得到新生的雀鸟为了报谢方丈救命之恩，经常身披灵光回到灵光寺顶，远远望去，呈现五彩，于是后人就叫这种雀鸟为五色雀。据说曾有僧人见过五色雀衔着殿顶的落叶飞去，这可能也是灵光寺殿后古木参天，但殿顶不留一片落叶的原因吧。

　　光阴似箭，我们的水源自灵光寺山间的聪明泉，它依旧从山顶源头潺潺而来，绵绵不断，所到之处，绿叶成荫繁花似锦，我们仍然享受聪明泉的滋养。如今，有心之人在阴那山间捧上聪明泉水饮用，总觉清甜怡人、唇齿留香，还可提神醒脑，让老实人更聪明，让聪明人更智慧呢！

　　客官，我只要能和荣柏树并肩站在一起，傲指长空，也希望您相信，并且一起将爱情进行到底！

这里公王不见外

一开始没想到虚玄的泮坑公王就在城南，很近的，从梅州火车站走几步路就到了，三公里吧。

每当时至过节，邻近州县或是台湾、东南亚等各地，总有几万人源源不断赶来公王庙。特别是各路商人，他们每年开春总要到这里磕几个响头，再去继续打拼事业。若果是年初一，你要想来这里拜一拜，还得先练就一身武功，不然现场人挤人，想要挤进去还真难。说实话，泮坑的山并不高，水也不深，一座小庙，没什么引人注目的东西，在普通人看起来真的挺普通的，但为何还是有那么多虔诚的商客和游人不辞辛苦、远道而来顶礼莫拜呢？难道真有神仙在？

泮坑公王庙始建于明代，它绿荫掩映，开门见山，被溪水蜿蜒的缠绕；庙殿是三个驾着老虎的三山国王，咋一看感觉还真是威武森严。公王庙规模不大，几经风霜，依然门庭若市、香火袅袅，出名原来只因一句话——"泮坑公王保外乡"。

怎么就保外乡了？

听说在明朝的时候，泮坑外村的熊氏久居潮州，有一天梦见一位左握帅印、右执宝剑、童颜白发、神采奕奕的大神，自称是清比盛德报国王（名字高端、拗口），受命于皇上镇守梅州，庇佑百姓，保护善人财源广进，五福俱全……熊氏惊喜异常。一觉醒来，想到日前在潮州明贶庙进香时，亲见庙中的三山国王与梦见所见相同，便在第二天大早一面派人回到泮坑建造庙宇，一面请雕神像师傅，仿做明贶庙三山国王，精雕了三座神像，还贴上昂贵的黄金。花了三个月，熊氏请了八个人抬大轿，吹吹打打，将"三山神"抬到河边，坐上彩船，运回梅州，请进泮坑，在新建庙中安放供养。这就是"泮坑公王"，又称"三山国王"。可想而知，从此久居外乡的熊氏从此人丁兴旺，财源滚滚，事业有成，因而"泮坑公王保外乡"成了当时的热点资讯，并流传至今日。

那什么是三山国王？

相传宋时，太宗征大原，攻城不下，忽观金甲神人，操戈驰马突阵，师逆大捷……凯旋之夕，见神人在云中曰：吾乃潮州三山神。乃诏封巾山为清比盛德报国王，为明山助政明肃宁国王，独山为惠威宏应丰国王。尔后又将他们分封：大哥巾山镇梅州；二哥明山镇惠州；三哥独山镇潮州，是为三山国王。另外，原本大哥教书，二哥杀猪，三个烧炭。大哥是教书先生？怪不得梅州文化蓬勃发展。

"公王"不见外哟!

泮坑公王保佑着外乡的人们发财、幸福、平安,不见外着哩。

那就奇怪了,这里人们明知是大哥巾山"公王"镇梅州,能够保障客家的文人辈出,但是出于对另外两位"公王"的尊重与照顾,尽管他们分别代表惠州、潮州的利益,还是给他们分了香火。聪明的你已经发现了,这里人们有着包容的精神,这可表现了梅州人豁达的胸怀呀。

而梅州当地的乡亲们就是活生生的"公王",更是不见外,来了都是自家人。"这里的生活真是慢!"是现在很多外乡人到梅州时的感受,这不过是梅州人因热情好客而显示出的慢中之亲切,乡人泡一壶清茶,让您慢慢融入这里的慢生活。

有个古镇，
让翰林和进士成了梅州特产

　　经历时光洗练而保存至今的明清古建筑，蜿蜒曲折宛如迷宫般的鹅卵石路，别具风格的客家民俗文化景观……走进梅州大埔县百侯镇，如同进入了一座巨大的客家建筑、民俗博物馆。在百侯，保存完好的明清古民居建筑就有120多座，它们中既有官宦富商的深宅大院，也有各式各样大小祠堂和中西合璧建筑群落，是迄今为止国内发现官厅古民居最多的地方。在这一座座官家府邸还流传着"诗书世家"、"一腹三翰院、一同怀四魁"等典故。

同堂兄弟七举人

　　杨缵绪曾任甘肃阶州、庆阳府，江苏松江府，广西桂林府知府，在乾隆二十二年（1757）任陕西按察使。他为官清正廉明，认真审查案件。老百姓称他为好官清官。乾隆十二年，乾隆知杨缵绪为官清廉，两袖清风，赐款为杨缵绪建九厅十八井的府第。杨缵绪建通议大夫第时，另在左侧30米处建兰台书室，供子孙及村童读书。杨黼时和杨演时辞官回故里后，教子侄、村童读书。杨缵绪的三个儿子，两个中举，一个副榜，杨黼时的四个儿子德征、德瑞、德邵、德彰全部考中举人，荣称为"同堂七魁"，御赐"七叶衍祥"的匾额。

杨门一腹三翰林

  百侯文化之乡之名，以"一腹三翰林"为鼎盛。进士杨之徐的三个儿子杨缵绪、杨黼时、杨演时先后考取进士，都入翰林院。杨之徐生于顺治己亥年（1659）。他年仅10岁即执笔写策论，出语惊人，康熙乙卯年（1675）中举人，为同榜年龄之最小者，康熙戊辰年（1688）考中进士。他在茶阳设馆授徒时，知饶员外之女饶氏貌虽不扬，但才思敏捷，会吟诗作对，为人知书达理，于是慕其德才，迎娶为妻。传说，饶氏出嫁时，县令梦见一条母龙带着三条小龙从城墙游出。饶氏嫁后既做贤妻，又当良母，对儿子进行了良好的教育。她的三个儿子5岁就能读《三字经》，8岁就能吟诗作对。兄弟三人先后考中进士，选入翰林院，"父子皆进士，一腹三翰林"传为佳话。

神童巧答按察使

杨缵绪因才学超群，为官有方，受乾隆特召回京荣晋陕西按察使，到任前回乡省亲。

那日已到百侯渡口，见一孩童将衣服放于古榕上，在梅潭河戏水，朗声曰："千年古树作衣架。"小童随口答道："万里江河当浴盆。"按察大惊，真乃神童，回家一问才知此人叫丘元遂，还是亲戚，甚爱之。

第三天宴客，见那童穿绿袄随父而来，按察使戏曰："井底之蛙穿绿袄。"，孩童不悦回敬："锅中老蟹着红袍。"按察使看了自己一身红袍大笑。这时一小孩骑在父亲脖子上进来，按察使看了神童一眼说："倚父作马。"神童头也不抬道："望子成龙。"按察使大喜，携神童之手入席。饭后按察使和亲友在中厅饮茶，神童见天井中茶花甚美，顺手摘一朵藏于衣内，此举刚好被按察使发现，他起身至神童边假作严肃斥之："小孩子暗藏春色。"神童仰头对视大方道："大宗师明察秋毫。"按察使抚其头自语"孺子可教，非池中之物也"。后来丘元遂果然中了进士。

百侯文风鼎盛，明清时期，百侯镇就拥有翰林5人，进士23人，文武举人134人。张翱诗赋与宋湘齐名，"状元之师"杨缵绪名满京华，丘神童故事众口相传。在近现代，这里亦是人才辈出，原国民党上将、民国政府广东省主席罗卓英和著名爱国大实业家肖畹香等都是百侯人。百侯无愧于其"多出文侯"之名，让翰林和进士成了梅州特产。

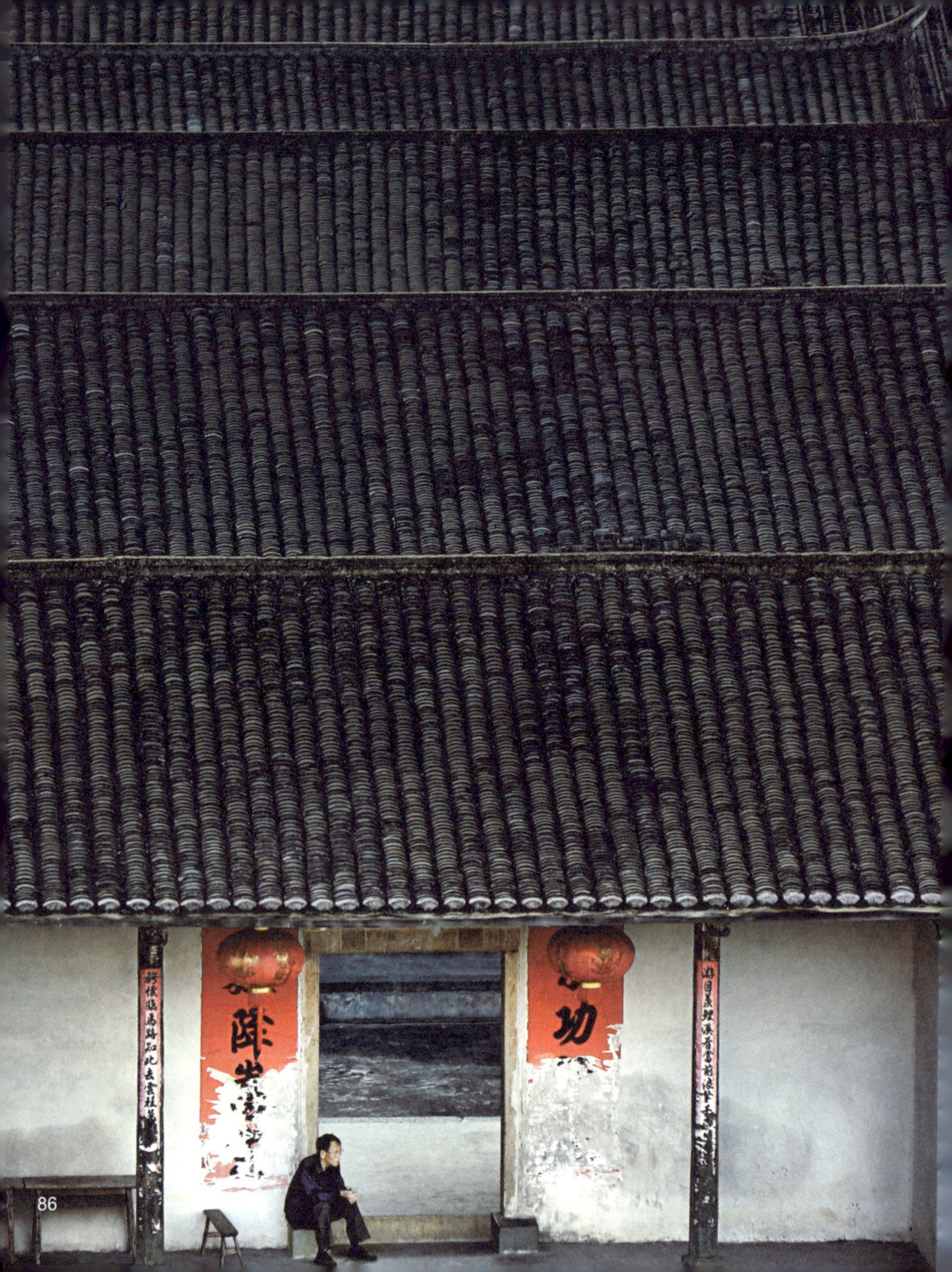

定好格局再做屋

　　出差往返的路上，到梅州境内，看见车窗外有很明显的一圈一圈的围龙屋，依山傍水，稳稳地盘坐于大地，像坐在舒适的沙发上，想来住在里头的人一定很安心。这样的围龙屋在梅州遍地开花，刚来这参观的人都眼花缭乱了，有雕栏玉砌的，有高大朴素的，有精巧细致的……人们只能在此驻足良久为探究竟，怎么做这种屋？而对于离乡的人，它是魂牵梦萦、朝思暮想的老屋。

　　网上一搜，资料再查，好像说客家的的建筑是福建的土楼比较出名，依我看，梅州的围龙屋才更好，更完整更开放。常说客家族群在梅州最终形成，而围龙屋包含了客家的传统礼制、伦理道德和风水意识，是客家历史文化的缩影。围龙屋是中国五大传统民居之一，与北京四合院，陕西窑洞，广西杆栏式，云南一颗印等齐名，是世界上的民居建筑奇葩、一部读不完的百科全书。

　　有几次跟随摄影协会的朋友到围龙屋参观，懂的人总是赞不绝口。听他们说整体的围龙屋忒难拍，兴许是屋子总是忒大，细节又忒多，拍了半天也没有拍出得意之作。我最近看过一些航拍的大围龙屋相片，从天上看到庄严的灰色瓦顶透着一股贵族的大气磅礴，几百年风吹日晒雨淋，只给它披上沧桑的外衣，如今依然坚实。我不会航拍，也只能拿一些屋里屋外的局部构件的特写来发微信和微博了，不过管窥所见也是绝美，玲珑剔透而又不失古朴自然，除了深厚的文化艺术外，当然还有一种这东西值钱的感觉。不过，碍于忌讳有些细节我不敢拍，有兴趣要来现场看才能明白。看几间保存不错的围龙屋，似乎是在参观民俗博物馆，挺过瘾的。

围龙屋的整体是一个大圆形，说玄点的话是一幅阴阳太极图。屋前有半月形池塘，用于蓄水防旱、防火、排水和养鱼，屋后必有半月形"化胎"，常种上花卉果木，两个半月形如同阴阳两仪。两仪围绕着方正的堂屋和晒谷的禾坪，成了"天圆地方"。专家常常感叹，这是一个天人合一的小宇宙呀。

围龙屋延续着几千年来的传统，做屋的理念更是被智慧满满的祖先发挥得淋漓尽致。做屋讲求"左青龙右白虎，前朱雀后玄武"这些基本的理念暂且不说了，从选址到完工，恭请先生庚了千百遍。倘若置身于巨大围龙屋群中，似乎周围都找不着路走，殊不知，这里的每个角落都巧妙隐藏着一条小路，通往的各个方向，这正是顺应了客家民居在建筑中注重"藏风聚气"的理念。倘若堂屋的天井中残存中不少水，则此设计屋内有余水，便能聚财。大部分屋子对排水系统格外讲究，从瓦面到地底下，基本上都是"千回百转"地迂回排水，甚至走在屋里，脚下地底竟淌着从山涧出来的涓涓细流。

有的自成一体，有的延绵而筑，依地势和环境，皆顺应自然。多数的围龙屋依山傍水，前低后高，有利于排水和通风透光。它有着奇特结构和合理布局，既有古代宫廷的神韵和江南园林的特点，又蕴含着浓厚的文化底蕴。一般以中间的正堂正屋形式的方形屋或二字屋为基础，周围的围屋层层扩建自由组合，其主要结构类型有两堂两横一围龙、两堂四横一围龙、三堂两横一围龙、三堂四横一围龙及二围龙、三围龙甚至六围龙等。

　　从屋的规模也可看出当时某姓家族的财富和人丁兴衰。尽管规模大小不同，但围龙屋的基本设施却是"麻雀虽小，五脏俱全"，而且最多时可以几百户人家同住在一个大围龙屋内和谐相处。假设关闭了通向外界的大门，当时的生活需求可以长期在围墙内完成，这竟是一个自给自足、自得其乐的小社会（是供给充足的别墅嘛）！不单单是住所，它还是家族祭祀或议事的场所，不论规模大小，都设有神屋或厅堂供奉祖先牌位，可见族人"崇祖念本"。

　　定好格局做的屋，工作之余，我想有机会再来走读一番。

梅州人文历史类作品一览表

《历史文化名城梅州》

　　该书从悠久的历史、鼎盛的文风、古朴的文艺、一流的文物、辈出的英才、丰富的美食、驰名的客都等七个方面，对作为国家历史文化名城的梅州做了概略的介绍。

《梅州华侨华人史》

　　该书是首部全面、综合反映著名侨乡梅州华侨华人奋斗史的书籍，不仅详细记述了梅州的华侨华人远涉重洋，发扬客家人勤奋拼搏、团结互助的精神，成就一番事业，为侨居国的独立富强、经济发展做出巨大贡献的史实，同时也记载了他们为家乡梅州的公益事业建设，为中华文化的传播和客家精神的发扬不遗余力的史实。

《梅州侨批 世界记忆——魏金华先生收藏侨批档案汇编》

　　由广东省档案局编印的"广东记忆系列丛书"《梅州侨批 世界记忆——魏金华先生收藏侨批档案汇编》，记载了该展览中的806件展品，其中包括侨批相关的印章、印版、照片、地图、账本、证件、名片、带货清单、生活用品、批信装具、书刊等13个种类。

《嘉应传奇》

　　该书对梅州的地名、自然景观、古代建筑、宗教信仰及民风、民俗、民谚、民谣等进行了较为全面的展示。这些传说与故事情节生动、引人入胜，反映的社会生活内容十分广泛，是艺术化的梅州历史、历史化的客家艺术。

《梅州两千年》

　　记梅州悠悠历史，兴客家灿烂文化。《梅州两千年》是第一部全面展示数千年梅州历史文化的书籍。作者以深厚的史学功底、流畅晓白的语言、明晰动人的史实，告诉你一个真实而有趣的梅州。

《客都家园——中国梅州传统民居撷英》

　　《客都家园——中国梅州传统民居撷英》是一本介绍梅州客家传统民居的大型史料性画册，收录了梅州市各类典型的客家传统民居138栋（含4个古村落），类型包括围龙屋、堂横屋、杠屋、土楼、四角楼、围寨、中外合壁式和仿客式，记述民居的建造年代、房屋结构、人文历史等，并配以不同角度的彩色照片及建筑图纸，图文并茂，中英对照，从建筑、人文、风俗、摄影等多个方面，展现了客都梅州客家传统民居的独特魅力和深厚文化。

《广东汉剧研究》

　　本书对广东汉剧进行了全面研究，突破了传统的文学解读和文本分析的研究套路，涉及文学、音乐、宗教、民俗、历史、地理甚至语言学、音韵学、人类学等多个学科。

《国家历史文化名城——客都梅州辞典》

　　该辞典分为概述、名胜园林、传统文化与技艺、古镇名村、建筑与遗址、名人俊杰、风物特产、重大事件与活动、当代建筑、文博机构共十个部分，基本上涵盖了客家历史文化的各个方面。

人来客往

RENLAI KEWANG

虎形山下起风云

《攻关》

叶剑英

攻城不怕艰，攻书莫畏难。

科学有险阻，苦战能过关。

      站在梅县雁洋镇海拔最高的五指峰上往下看，两条白练般的长河环抱着一座椭圆的高山，其山形似一伏卧休憩的巨虎，而这"巨虎"就是虎形山。1897年4月28日，伟大的无产阶级革命家、十大元帅之一的叶剑英就出生在虎形山下的虎形村，并在此度过了他的童年、少年时代。1987年，叶帅逝世后，为纪念这位伟人，人民政府重修了叶帅故居，并在1989年建成叶剑英元帅纪念馆。2007年，在原纪念馆的基础上，建成了叶剑英纪念园。如今，叶剑英纪念园已成为国家AAAA级景区、全国100个红色旅游经典景区之一。

　　"好大气 ！"站在景区门前广场上，不由被其宏伟的气势所震撼——广场四周是仿客家建筑外形建成的围墙和夯土塔楼，主入口处，一块墨绿色碑石上镶嵌着"叶剑英纪念园"几个大字，并镌刻着中共中央于1987年为叶帅撰写的墓志铭，从中我们深深感受到党和人民对叶帅的肯定和爱戴。其实，早在青年求学时期，叶帅就立志追求真理、救国爱民，和进步师生一起创建了东山中学，留下了"放眼高歌气如虹，也曾拔剑角群雄；我来无限兴亡感，慰祝苍生乐大同"的磅礴诗篇。

在60多年的革命生涯中，无论在中国革命的危急关头，还是在社会主义建设和推动改革开放的关键时刻，叶帅总是挺身而出、力挽狂澜，功勋卓著。毛主席给予叶帅很高的评价，称赞他在长征关键时刻"救了党，救了红军"，说叶帅"诸葛一生唯谨慎，吕端大事不糊涂"。而这句评语，如今正刻在正门中央水池中的汉白玉方碑上。

前行，走过跨湖观景桥，一幅绿色生态景观展现在面前：竹林、古树、假山、湖泊、草地等相映成趣，生机勃发而不失清幽，极目远眺，苍翠的虎形山如绿色的织带，将园区环抱。

绕过一片大莲塘，但见一座普通的客家民间农舍静静地伫立在山脚，这就是叶帅故居。推开低矮的木栅栏，穿过约半米宽的门，展现在眼前的是古朴而整洁的两排房屋，共有15间房，其中4间是叶帅家所有。1980年5月，83岁高龄的叶帅回到故居时，首先进的就是右侧第二间其父母亲的卧室，当他看到自己小时候吃饭的小桌子还在，摸着父母房间的古旧木窗，感情油然而生，吟出"八十三年一瞬驰，木窗灯盏忆儿痴"的动人诗句，表达对儿时生活的怀念，表达对家乡的无限眷恋之情。

在纪念馆前，手拿草帽坐在石头上的"叶帅"面带微笑，亲切慈祥，像是在远观日升日落，让人不由得联想起叶帅晚年写下的"老夫喜作黄昏颂，满目青山夕照明"，敬佩之情油然而生。

从印尼到新加坡，再到泰国

比皇帝还"富有"的人：中国葡萄酒之父张弼士

张弼士，名肇燮，字振勋，1841年12月21日出生于广东省大埔县黄堂车轮坪村。他家境贫寒，小时候只读过3年书，15岁到印尼的巴达维亚谋生。巴达维亚即今天的雅加达。在那里，张弼士既缺乏资金又没有技术，只好在一家米店里打工。由于他干活麻利，结果被邻店一位姓温的老板招为女婿。后来他涉足酒业、种植业、药材业、采锡业、船运业，生意做到新加坡、马来西亚、泰国、越南、菲律宾。他创建的张裕葡萄酒，在1915年巴拿马太平洋万国商品博览会上，一举夺得四项金奖。张弼士拥有超过8000万两白银的巨大财产，是比皇帝还"富有"的人，成为当时东南亚的首富，在南洋书写了华人传奇。

张弼士

大埔县西河镇车龙村是广东省古村落、广东省最美丽的乡村，而张弼士故居光禄第更是闻名遐迩。光禄第建于清光绪三十四年（1908），这是一座典型的三堂四横一围的客家围龙屋，也是一座美轮美奂的典型中国园林式豪宅，是清代中国建筑的代表之一。整座建筑坐东向西，砖木结构，粗犷严谨，堂皇大观，建筑面积4180平方米。屋内有18个厅、13个天井、99个房间，还有前后花园及书斋等。整座建筑工艺精致、绘雕并齐，中厅两旁斗拱有穿凿鎏金的麒麟凤凰及飞鸟走兽，大厅两旁斗拱有木凿鎏金通花金狮滚球，正门顶灰塑李鸿章手书的"光禄第"屋名。

故居外围就是赫赫有名的码头。据介绍，建造码头之地当时是沙坝，为稳固地基，张弼士建造码头的资金比建房还多了许多。同时，为防止宵小入侵，张弼士还在码头边上建了好几层楼高的防御外墙。

走出光禄第，可见四周还保存有始建于清朝和民国初期的张裕酿酒公司第一任总经理张成卿故居资政第、张裕酿酒公司首任中国酿酒师张子章故居寿南公祠，以及明经第、大夫第、奉政第、学龄筱筑、笃庆楼、德新楼、敦厚楼等数十座风格各异的客家民居古建筑。从高处看，光禄第与这些古民居有着截然相反的朝向，坐落其中，颇有"众星捧月"之势。

父子两总理——李光耀、李显龙

"对我来说，我们的家族历史应从曾祖父李沐文开始。……根据曾祖父在中国故乡所盖的一座房子后面的墓碑碑文记载，他于1846年诞生在广东省大埔县唐溪村。长大后，搭乘帆船过番到新加坡来。……1882年，曾祖父赚够了钱，决定返回中国祖先生息的村落，给自己盖一座大宅院，并以乡绅的姿态出现。"

——《李光耀回忆录1923-1965》

李光耀

李显龙

作为新加坡的开国总理，李光耀尽管没有在公开场合提及过自己的祖籍地，但在他的回忆录中，曾多次提及他的曾祖父来自广东省大埔县唐溪村。为此，李光耀、李显龙"父子两总理"成为大埔县的一张文化名片，唐溪村也因此声名远播。

1923年9月，李光耀生于新加坡，自幼就接受英式教育，12岁考入当地顶尖的英校莱佛士书院，但在日军占领新加坡后中断学业。战争结束后，李光耀获大英帝国女王奖学金，开始赴英国留学。1950年，李光耀返回新加坡，曾担任律师和工会法律顾问。1965年8月，新加坡退出马来西亚联邦，成立共和国，李光耀首任共和国总理。在担任总理三十余年间，李光耀把新加坡建成繁荣富强的国家、亚洲四小龙之一。

作为李光耀的长子，李显龙于1952年在新加坡出生，1974年获英国剑桥大学数学一等荣誉学位和计算机优等文凭，1979年获哈佛大学肯尼迪行政学院公共行政学硕士学位。回新加坡后于1984年12月当选国会议员，2004年8月任新加坡总理，2006年5月和2011年5月两度连任。

"画里的房子是传统的中国式建筑，屋顶铺的是灰色瓦片，并有庭院，美丽壮观。"在新加坡前总理李光耀的回忆录中，他位于广东梅州的祖居中翰第被描述成一幅"画中的风景"。

中翰第坐落在唐溪村一排依山而建的古民居之间，乍一看并不起眼：简朴的砖木结构、剥落的墙壁、黑得发亮的瓦顶、被踩得光滑如镜的石阶，仿佛在诉说着其久远的岁月。走进房子，精美和雅致才随之映入眼帘：大门两侧的彩绘依旧依稀可辨，图中描绘的清明上河图般的盛世景象画工精细、线条流畅、形态逼真，可见当初建房者对这所房子的用心。环视房屋四周，屋后山林茂密、山峦迭起，门前视野开阔，田野流水等自然风光尽收眼底。

兄妹两总理——他信、英拉

塔下村，位于素有"火龙之乡"美誉的梅州丰顺县埔寨镇内，由虎山、马山"镇守"左右。相传古时远道而来的官兵见此处如藏龙卧虎之地，小心翼翼地离鞍、下轿，以步代骑，待派出人员打探到实情后方敢骑马入寨。该村创寨至今已有600多年的历史，过去不少村民移居到泰国、新加坡等地。前泰国总理他信、英拉兄妹的曾祖父邱春盛便生于塔下村永昌居，他信、英拉是其在泰国传下的第四代华裔。

20世纪80年代，他信靠经营电信业致富，西那瓦家族崛起为泰国屈指可数的商业家族之一。2001年2月9日，他信成功当选泰国第二十三任总理。他是泰国史上第一位任期满4年的总理，也是第一位通过选举连任的总理。此后，有关他信"胞衣迹"的传闻版本众多。直至2003年，在第五届世界丰顺同乡联谊会上，时任泰国总理的他信发来一份贺信，并在贺信中公开表明自己的家乡是梅州市丰顺县。至此，他信"胞衣迹"之谜才水落石出。

此外，他信的外祖父是梅县松口镇梅教村人，年轻时移民泰国。二战期间，他信的母亲曾回到梅州祖屋儒林第居住过几年时间。2005年5月，他信在中国驻泰国大使和广东省、梅州市政府有关部门的帮助下找到了其母亲当年在梅州的故居和亲戚。2005年7月3日，他信在应中国总理温家宝邀请到中国进行友好访问期间，就曾带着儿子潘通帖·西那瓦回到梅州寻根问祖。

"如果你爱我的哥哥，你会给他的妹妹一个机会吗？"这是他信的妹妹英拉在竞选总理时曾说的话，人们至今耳熟能详。1967年出生的英拉是9个孩子里年龄最小的一个，大哥他信长她近18岁。1988年，英拉获得清迈大学政治与公共管理学士学位，随后去美国肯塔基州立大学攻读公共管理硕士学位。1991年，学成回国后的英拉加入家族企业工作，泰国媒体称她"魅力十足、事业成功"。2011年5月，在他信的力劝下，英拉开始从政。当年7月，英拉参加国会下议院选举，8月当选为泰国第28任总理，成为泰国历史上首位女性政府首脑。

英拉

2014年10月，一则《他信、英拉回到祖籍广东梅州探亲、祭祖》的新闻在国内外各大媒体发布，备受关注，有关"兄妹两总理梅州寻根"的消息随之传遍大江南北。

谁家没有一两个台湾亲戚

"小时候，乡愁是一枚小小的邮票。"故土，让无数游子魂牵梦萦。蕉岭是全国著名的台乡，在宝岛台湾，有很多祖籍蕉岭县的台胞。据户籍调查显示，祖籍蕉岭的台胞有46万多人，是蕉岭现有人口的两倍多。

蕉岭人移民台湾，始于清康熙年间。据台湾出版的《蕉岭乡亲入垦台湾概况》称，清朝嘉庆以前入垦台湾的蕉岭客家人有丘、何、利、吴等33姓，480多户。这些姓氏约占蕉岭原有姓氏的63％。因此，在蕉岭，谁家没有一两个台湾亲戚呢？就连中国国民党荣誉主席吴伯雄，也是梅州蕉岭人的女婿。2012年11月，吴伯雄主席首次到梅州访问时就曾深情地说："全世界客家人，没有到过梅州是终生遗憾！"

时至今日，23万蕉岭人与46万多祖籍蕉岭的台湾客家人，仍有着千丝万缕的亲缘关系。台湾的村落地名，至今与蕉岭有着密切的关系，如彰化县的镇平村、新竹县的新铺乡、桃源县的龙潭乡、台中县的神岗乡等，都与蕉岭原乡地名相同。蕉岭籍台胞大多能讲流利的蕉岭客家话，乡音浓郁；他们不忘故土、不忘宗亲，岁时节日、民间文艺、婚姻喜庆等，还一直保留着蕉岭故乡的客家文化习俗。难怪有人说，大陆有一个蕉岭，台湾也有一个蕉岭。

丘逢甲

"客路青山外，行舟绿水前。潮平两岸阔，风正一帆悬。"蕉岭人和祖籍蕉岭的台胞有着爱国爱乡的优良传统。涌现出许多不惧艰险、抵抗日侵的英雄典范。抗日志士、爱国诗人、教育家丘逢甲，便是其中一位。丘逢甲出生于台湾省苗栗县，曾在甲午战争期间筹建义军，并率领台湾民众奋起守土护台，为挽救民族危亡，捍卫祖国神圣领土台湾而英勇战斗，谱写了可歌可泣的绚丽篇章。中华民国建立后，丘逢甲被选为广东省代表参加孙中山组织的临时政府。1895年，丘逢甲离台回到蕉岭，始终念念不忘收复台湾、雪洗国耻，期盼"大九州当大一统，融融四海一家春"。因而在蕉岭丘逢甲故居，只见一座典型的客家围龙屋，占地约1800平方米，共4行2堂55间，坐西向东，为的就是可以时时面向台湾。2006年，丘逢甲故居被国务院核定为第六批全国重点文物保护单位。

台胞们虽身居宝岛，却情系桑梓。自1987年11月允许台胞回大陆探亲以后，梅州优美的生态环境、亲切的客家风情以及好客的原乡人民，吸引了大批台胞回乡寻根问祖、探亲访友，形成了一股长盛不衰的"寻根探亲热"。

长寿蕉岭
大美台乡
吴伯雄 题

小贴士：

梅县机场已于2013年12月开通至台中清泉岗机场航班，逢周二、周三、周五飞行。台中起飞时间为周二、周五11:30，周三16:20；梅州返航时间为周二、周五14:00，周三18:55。飞行时间约为80分钟。

订票热线：0753-2188922

亚洲球王是怎样炼成的

"看戏要看梅兰芳,看球要看李惠堂。"这是20世纪30年代我国流传的一句话。梅兰芳,乃大家所熟知的京剧大师,而能与其相提并论的,则是活跃于20世纪二三十年代足坛的"亚洲球王"——李惠堂。他不但是战前罕见的中国职业足球运动员,也是当时公认的中国足球第一人。1976年,在联邦德国一家权威性足球杂志组织的评选活动中,李惠堂同贝利(巴西)、马修斯(英格兰)、斯蒂法诺(西班牙)、普斯卡士(匈牙利)齐名,被评为"世界五大球王"。

李惠堂

李惠堂，原籍梅州五华，其父为香港建筑商人。李惠堂从小就酷爱足球活动，1910年，只有5岁的李惠堂随母亲回到家乡五华县横陂镇生活。课余时间里，他以家门前宽阔的草坪作球场，练就一身好本领。院子前面的两棵柚子树，见证了一代球王起步阶段的汗水与努力。5年后，他重返香港，继续刻苦训练，并常常请教球坛先辈，技艺大进。

1923年，年仅18岁的李惠堂作为南华队主力前锋随队远征澳大利亚。赛前，澳首都墨尔本报纸刊载中澳球赛消息，竟附登一幅形容枯槁、骨瘦如柴的中国球员漫画，题曰《中国队登场之前瞻》，以藐视和污辱中国队。次日两国球队交锋，南华队一举击败澳队，轰动一时，澳政府向李惠堂颁赠一枚金质奖章。这次访澳球赛10多场，每次进球都有李惠堂的功劳。

李惠堂纵横驰骋绿茵25年，足迹遍及亚、欧、澳洲，曾代表国家队4次参加远东足球运动会，获足球冠军，2次率队参加奥林匹克运动会，并先后率乐华、南华足球队多次访问东南亚各国，战绩显赫。在1923-1947年的25年中，李惠堂进球近1860个。

1948年，李惠堂获国际足联国际裁判证书，成为中国第一位获得国际裁判资格的人。1954年，李惠堂当选为亚洲足球联合会秘书长。1965年当选为国际足联副主席，并成为首位担任该会副主席之华人。

1979年，李惠堂在香港病逝，享年75岁。他的一生共获得50多个荣誉称号、100多枚奖章和120多座奖杯。在当时那个动荡的年代，真正用自己的球技谱写了一个又一个的传奇。

如今，球王旧居大院前的两棵柚子树早已不复存在，而李惠堂在树上摘柚子当球踢的故事，却早已成为球王之乡、足球之乡——梅州的一段佳话。

来自婆罗洲和毛里求斯的呼唤

梅州是中国著名的"华侨之乡"、广东省重点侨乡，18世纪末至19世纪，大批客家人从这里出发下南洋谋生，目前有300多万华侨华人遍布世界五大洲70多个国家和地区，多因地缘关系、亲缘关系和业缘关系而聚居。梅州的华侨，继承和发扬了爱国爱乡、热心公益等优良传统，对侨居国的建设发展作出了巨大贡献，纷纷获得当地政府和人民的称赞。这其中，就有来自婆罗洲和毛里求斯的呼唤！

罗芳伯

罗芳伯，嘉应州石扇堡（今梅县区石扇镇）人。早在清代乾隆年间，他渡海南下，到达婆罗洲（今印度尼西亚西部的加里曼丹岛），率领同胞白手开埠，建立了一个延续百余年的华人政权——兰芳公司，并组织"兰芳大总制"（即兰芳政权最高官衔）。通过领导当地人民改进落后的农耕技术，扩大矿产的开采，发展交通事业、创办学校等，使婆罗洲由荒凉之地一跃成为富庶的"金矿之乡""鱼米之乡"，成为当地土著和侨民美丽的家园。20世纪中叶，经著名客家学者罗香林研究介绍后，罗芳伯这个富有开拓精神又具有先进思想之南洋客家杰出人物才广为人知。

　　地处非洲东部的毛里求斯，曾被美国大文豪马克·吐温赞为"天堂中的天堂"，是一个多元民族国家。在毛里西斯的发展史上，永远铭记着一个响当当的名字，他，就是祖籍梅县城北的二代华裔朱梅麟。在英国殖民时期，朱梅麟参与参议会，积极建立民主机制，被英国接纳，协助毛里求斯民主建国。朱梅麟还先后任毛里求斯国会议员与地区事务部部长，为推动当地经济发展作出了突出贡献。为此，毛里求斯政府于1998年发行印有朱梅麟头像的25卢比纸币作纪念，他成为继孙中山之后，第二个肖像被印在钞票上的客家人；后又发行面值14卢比的朱梅麟肖像纪念邮票以及首日封。此外，毛里求斯客家华裔中还继相继出现了内阁多位部长、最高法官、驻外大使等等。如原司法与人权部长陈念汀、原文化与艺术部长曾繁兴、原旅游部部长李国华、原首席大法官杨钦俊等，其地位之高，堪称"华人之光"！

朱梅麟

　　小贴士：
　　梅州侨胞分布在世界五大洲70多个国家和地区，以居住东南亚各国为主，其中印尼约65万人；泰国约63万人；马来西亚约38万人；新加坡约17万人。此外，侨居万人以上的国家还有越南、美国、英国、缅甸、毛里求斯、澳大利亚、南非等。

走一圈，至少认识这些客家骄子

　　梅州，是国家和省重点侨乡，素有"华侨之乡"的美誉。梅州侨胞遍布世界五大洲70多个国家和地区，以居住东南亚各国为主。梅州的华侨，在华侨历史发展中，继承和发扬了爱国、爱乡、热心公益等优良传统，为祖国、家乡，为侨居国的社会发展作出了重大贡献。所以，在梅州，你总能听到不少关于知名侨领的故事，田家炳、曾宪梓、熊德龙、梁亮胜，更是百姓津津乐道的客家骄子，是著名客籍企业家、慈善家。

他们的杰出成就归结于他们百折不挠、勇于开拓的精神。近代以降，赣闽粤客家人为生活所迫，所谓"系一条裤腰带"，走遍天涯海角，赤手空拳创造出无数传奇。田家炳、曾宪梓、熊德龙与梁亮胜都是这样白手起家，闯出了一片新天地。他们的发家史其实是血泪史和奋斗史，终使他们成为举世闻名、叱咤风云的客商领袖人物。

田家炳

田家炳

　　出生于1919年，祖籍广东梅州大埔。他少小离家，闯南洋卖"土"。1936年赴越南创立泰安隆瓷土公司，后与同乡合办茶阳瓷土公司。1939年赴印尼，先后创办树胶厂、塑料厂，1958年将业务重心转移到香港，办成香港最大的人造革企业，成为著名的"人造革大王"，现为香港田家炳基金会董事局主席、田氏化工厂有限公司董事长。1982年，田家炳获英女皇荣誉奖章；1993年由中国紫金山天文台将编号2886的小行星命名为"田家炳星"。田家炳一向热心教育事业，以他的名字命名的学校（教学楼）可谓遍布全国，而他在梅州的各种慈善公益捐赠总额超过2亿元。

曾宪梓

出生于1934年，祖籍广东梅县。曾宪梓大学毕业后初回香港时，两手空空，为了生活，他甚至为人照看过孩子。生活的艰难，却萌发了曾宪梓创业的决心。他发现香港人很喜欢穿西服，可是没有一家生产领带的工厂。于是，他拿出平时省吃俭用积攒的6000港元，又腾出自家租住的房子，办起了领带生产厂，后发展为誉满天下的金利来品牌，他现为金利来集团有限公司董事局主席。1997年，曾宪梓获得香港最高荣誉奖章——大紫荆奖章；1994年，曾宪梓获得了以他的名字命名小行星"曾宪梓星"的巨大荣誉。他在香港创业初有成就之时，第一份捐献即选择了家乡的母校东山中学。据统计，截至2013年，他在各行各业的捐款总额超过11亿元，其中仅梅州就逾2亿元。

曾宪梓

熊德龙

1947年11月生于印尼，兼有荷兰、印尼血统，出生后被遗弃于孤儿院，后被旅居印尼的广东梅县籍华人收养。熊德龙16岁就走上社会开始打工生涯。两年后，在亲友的支持下开设了一家小海绵厂。10多年间，熊德龙的事业不断发展壮大，拓展到了烟酒制造、金融、房地产、国际贸易等领域，企业遍布美国、加拿大、中国等国家和港澳地区，成为大型跨国集团公司。1993年，熊德龙斥巨资收购了美国华文报纸《国际日报》，现为美国、印尼国际日报总裁，熊氏集团总裁。2009年，熊德龙被授予"亚太最具社会责任感华商领袖"大奖。熊德龙身在异乡，心系祖国，1984年冬，梅州市创办嘉应大学，熊德龙独捐210万元兴建德龙会堂。自1979年以来，他为梅州社会公益事业捐资数千万元。

熊德龙

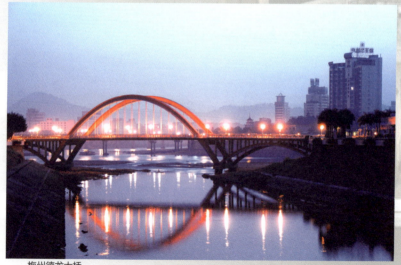

梅州德龙大桥

梁亮胜

出生于1951年，祖籍广东梅州。他出身艰苦，1968年在梅县山区"上山下乡"，1970年被招工到了一个国营矿山。1982年，改革开放的新政策使他有机会去了香港。他通过广交会知道了国内急需木材，结果做成了几笔大生意。1989年3月，丝宝公司正式在香港注册，后在武汉发展。如今，丝宝集团的业绩已雄踞湖北省外资企业的前列。梁亮胜现为武汉市多所大学的客座教授和名誉教授。2001年以来，他为家乡梅州捐款数千万元，其中包括已建成通车的秀兰大桥。

在田家炳、曾宪梓、熊德龙、梁亮胜身上，体现出了客家人走到哪里，就在哪里"落地生根"的顽强生命力。客家人有句名言"日久他乡是故乡"，他们在新的"故乡"努力拼博，体现出客家人特有的品格：坚忍不拔、自强不息和敢为天下先的奋斗精神，更体现了客家人"滴水之恩当以涌泉相报"、"取之社会、回报于民"的崇高品格。这就是客家骄子，这就是客家精神！

梁亮胜

梅州市名人名居一览表

名人	名居	简介	地址	门票
黄遵宪	人境庐	人境庐是清末爱国诗人黄遵宪的故居，坐落在梅江区周溪畔。人境庐取意于东晋大诗人陶渊明"结庐在人境，而无车马喧"的名句。1884年春，由黄遵宪亲自设计建造，距今已有一百多年的历史。市内有1路或3路公交车途径。从城区出发，入东山大道，驶过东山大桥后，左转驶入小溪唇东北角即可到达	梅江区小溪唇	5元
林风眠	敦裕楼	位于梅江区西阳镇阁公岭村，建于清朝，俗称敦裕楼。该故居坐南朝北，为三杠楼二进式建筑。市区8路公交车途经。也可从梅州城区出发，驶入省道S333行约13公里，于白宫加油站前右转入100米可抵达	梅江区西阳镇白宫阁公岭村	免费
叶剑英	叶帅故居	位于梅县雁洋镇雁上村，建于清代，为泥砖砌筑的单门楼两杠客家围屋。共15间房。院内整洁清静，远处青山含黛，四野田园青翠，环境优美。叶剑英在此出生并度过童年和青少年时期。市区有10路和17路公交车途经。自驾车从梅州城区出发，进入省道S223行驶约30公里便可到达	梅县区雁洋镇虎形村	免费
宋湘	太史第	位于梅县白渡镇创乐村象湖自然村。因其地堡后山形像大象，山前是一片沼泽地，故此地被称为"象湖"。该故居始建于明嘉靖年间（1522—1566），为三进两厢一围的客家围龙屋式民居	梅县区白渡镇创乐村	免费
李金发	承德第	位于梅县区梅南镇罗田上村，是著名诗人李金发的父亲李焕章到非洲毛里求斯经商取得成功后回乡兴建的。这里依山傍水，一派田园风光。李金发在承德第度过了难忘的童年时光	梅县区梅南镇罗田上村	免费

名人	名居	简介	地址	门票
丘哲	喆庐	位于梅县松口镇大黄村,是著名爱国民主人士、中国农工民主党创建者和领导者之一丘哲的故居。建成于1925年,建筑面积约3000平方米。喆庐采用客家传统的合杠屋布局,整座建筑中西合璧,浑然天成,错落有和谐大美	梅县区松口镇大黄村	免费
李洁之	慈恩庐	位于兴宁市新陂镇上长岭村,又称"李洁之将军府",建于1933—1938年,由法国著名设计师设计,中西合璧,建筑精巧,规模宏大,是原国民党中将、原广东省政协副主席李洁之的故居。其主体建筑占地约10亩,共有大厅堂房间102间、设置有4座楼梯;建筑结构大致相当于三进四横围龙屋	兴宁市新陂镇上长岭村	免费
程旼	程旼故居	程旼故居坐落在平远坝头东片村官窝里,四面环山,满目苍翠。梅州素有"文化之乡"美称,479年始连续一千多年程乡县,据史载均为纪念客属先贤程旼而命名的,也是有史以来以个人姓氏被皇帝命名为县名的仅有两县之一。从平远县城出发进入省道S332行驶约5.1公里,右转进入Y158行驶540米,便可到达东片村	平远县大柘镇	免费
邹鲁	敬爱堂	敬爱堂,系中山大学首任校长邹鲁的祖居。位于大埔县茶阳镇长治仁厚村,始建于明嘉庆年间(1567—1572),清代重建。该故居坐西朝东,背靠蜈蚣山,一正四横,土木结构,门前竖有五根清朝石楣杆。从大埔县城出发,走环城大道(S333)-S221,沿S221行驶经过茶阳镇,进入S332依指示牌进入乡道便可行至长治镇	大埔县茶阳镇长治仁厚村	免费
谢晋元	儒林第	儒林第位于蕉岭县新铺镇尖坑村园墩子下芳塘子,由谢晋元曾祖父在清代咸丰年间(1851—1861)建造。该故居坐西向东,为三进院落式围龙屋,两座大门分别命名为儒林第和荆树居。乘坐107路、132路公交车途经。也可自驾从蕉岭城区出发进入G205行驶14公里,右转进入S332行驶7.6公里,再右转进入X046,经过志强大桥再行驶2.2公里即可到达	蕉岭县新铺镇尖坑村园墩子下芳塘子	免费

名人	名居	简介	地址	门票
丘逢甲	培远堂	丘逢甲故居培远堂坐落在蕉岭县文福镇逢甲村（今逢甲村）。建于清光绪二十二年(1896)秋，是一幢坐西朝东两堂四行，中轴对称，后面半圆形围屋与前面的5个门楼形成封闭整体的客家围屋。从蕉岭城区出发，驶入G205行驶6.6公里，左转进入村道，行驶5.9公里即可到达逢甲村，全程15公里	蕉岭县文福镇逢甲村	免费
张弼士	光禄第	张弼士故居光禄第始建于清光绪三十四年（1908），历经十一载，于中华民国八年（1919）竣工。坐落于大埔县西河镇车龙村。从大埔县城坐5元的班车，约30分钟车程到达西河镇车龙村，下车后沿河边走20分钟抵达。自驾车可从大埔县城出发走环城大道（S333)-S221行驶14.8公里，在北塘田家炳大桥右转进入X005行驶2.5公里，右后方转弯进入Y216，行驶1.3公里即可到达	大埔县西河镇车龙村	30元
田家炳	振辰楼	田家炳祖居拱辰楼，建于清嘉庆元年（1796），为田家炳先生高祖父田振多公所建。该建筑坐南向北，为砖瓦梁结构，上厅为楼，下厅为屋，总共5厅8间。外门楼面向东方，屋前有一条水渠流过，人称腰带水。进入S333行驶31.8公里，左后方转弯进入S222，行驶8公里到达	大埔县高陂镇银滩村	免费
李光耀	中翰第	李光耀祖居中翰第，位于大埔高陂镇党溪村。中翰第属"下山虎"式客家民居建筑，平房砖瓦结构，是李光耀的曾祖父李沐文于1884年建造的，至今已有一百多年的历史。自驾游可进入S333行驶31.8公里，左后方转弯进入S222行驶12公里即可到达	大埔县高陂镇党溪村	免费
丁日昌		位于丰顺汤坑镇金屋围，更确切地说是八角井边古树北向二十米处，一亦农亦士、亦医、亦商之家。门口两座威武的石狮，老房子里面安放的是一尊海神。丁氏族人介绍说，在丁日昌担任福州船政大臣时期，每逢初一、十五都会拜祭海神以求平安。自驾车可沿丰顺汤坑路驶入石牌街，即可进入金屋围村	丰顺县汤坑镇金屋围村	免费

132

名人	名居	简介	地址	门票
李坚真		蕉头窝位于丰顺县小胜镇大南村东叶畲塘排。建于清末，为三横二厅硬山顶式砖木古民居，坐北向南。从丰顺城区出发驶入G206行驶2.5公里，右转入S224，行驶58公里直达蕉头窝村	丰顺县小胜镇蕉头窝村	免费
李威光	四角楼	位于五华县华城镇黄埔村。该故居于清康熙年间（1662—1722）建造，为典型的客家围屋。从五华城区出发，沿乐华西路行驶，右转进入S228，行驶24.5公里，转入S239，右前方转弯即可进入华城镇	五华县华城镇黄埔村下四角楼	免费
古大存	金山萃秀	位于五华县梅林镇优河村。建于清嘉庆年间，为三堂两横客家民居，灰沙夯筑墙体，悬山瓦顶，建筑面积约800平方米。古大存住左横屋，现故居内陈列有古大存石雕像和有关古大存革命活动的文物、照片100多件	五华县梅林镇优河村	免费
李惠堂	联庆楼	位于五华县横陂镇老楼村四角楼。由李惠堂之父、建筑巨商李浩如创建于清光绪十八年（1892年），为客家地区常见的"四点金"式建筑。从五华城区出发，驶入S120，直至横陂镇，路边可见指示路牌	五华县横陂镇老楼村	免费

（这里列举的只是梅州名人名居的一小部分，更多精彩欢迎大家亲自前来体验噢。）

余音绕梁

YUYIN RAOLIANG

《宋湘方言妙對》

妙，至今還爲世人傳誦。

閑閒間門閃閉開闔問閒閒

這副對子，上下聯均用相同偏旁字組成，切事切意，很是巧

聲言宋湘若是對得好，吃點心錢不用

境家方言中，

冷）是對立的

【冷】又有

【撓】不僅不【撓】的意思，相

很冷）。要對得不易，但宋湘略加思考，最後還是對上了。他的

對句是：

老婆習嫩

【老】和【嫩】意義相反，【嫩】在客家方言中指年輕的意思，而【習】在

句中他是作副詞用，表示【非常】。全句的意思足說，老婆（妻子）非常年

輕。從客家方言的角度來說，真是【妙對】。

宋

店，

每有名詞指米酒，【燒】

【燒】酒。面且【滑冷】

水易，但宋湘略加思考，他的

宋湘險些赤腳過溪

少年才子宋湘，冬日前往橋溪村拜訪學友，途經小溪橋，正巧遇客家女打柴下山在橋上蹠肩，擋了去路。客家女送才子一聯，順口道：若才子能對下聯，即讓道石橋上過，否則請你落水從小溪裏過。宋湘點頭答應。客家女指着木柴道：

此木爲柴山山出

宋湘想了半天，滿臉通紅，只好脫鞋過溪，腳將要落水那一刻，即觸靈感，脫口而出對上下聯：

□ 水成 □ □ □ □

客家女聽后，微笑稱贊恭禮讓路。

請猜猜才子宋湘的下聯是什麼？

偏旁妙對

宋湘借宿，主人把他安排在閒雜房裏，叫他睡稻秆。主家小姐同情宋湘，叫丫環送去被褥和一個對子的上聯。

教你说句宋朝话

　　那天刚到梅州，坐在路边的小店里吃腌面，一个女人推着小车经过，边走，边唱着什么。我问店家：她在唱什么?店家笑了：卖肉丸的。直到后来听懂了客家话，才发现，原来她只是一直在吆喝着："肉（ngiug）丸（-ien）——肉（ngiug）丸（-ien）……"这么市井粗俗的语句，用客家话一吆喝，竟像戏子唱戏一样绵长婉转，引人入胜，好像连车里的肉丸也变得有文化了。

这种错位感隔了几日又发生。朋友邀我到他乡下朋友家里蹭饭。酒足饭饱之后，五大三粗的主人一一问候："饭（fan）好（hau）食（siid）么（mo）？食（siid）得（ded）惯（guan）么（mo）？"语句之文雅，音韵之悠扬，让我又一次傻了眼。想想看一条大汉拈针引线是什么感觉，大概也就能理解当时我的感受了。

　　我就好奇起来，为什么这偏远山区里人们说的话会具有如此雅韵呢？

一查才知道，原来，客家话不是什么蛮荒之地的"鸟语"，竟然是在别处消失已久的中原古韵，由宋朝官话发展而来。客家人是因战乱南迁的中原贵族后代，客家民系形成于南宋末年，来到南蛮之地后被编入"客"籍，随着数量增多，渐渐反客为主。然而他们始终心怀故土，想着也许有朝一日重返故里。他们秉承"宁卖祖宗田，不忘祖宗言"的宗旨，保留着完好的族谱，说着世代相传的客家话，无论是何身份、去到哪里，全世界客家人都以其乡音未改为傲，一开口骨子里的儒雅暴露无遗。

　　这可是随口胡诌编出来的故事，"南宋四大家"之一、大诗人杨万里任广东提点刑狱时经过梅州，写下诗为证："一（-id）路（lu）谁（sui）栽（zai）十（siib）里（li）梅（moi），下（ha）临（lim）溪（ke）水（sui）恰（kab）齐（ce）开（koi）。此（cii）行（hang）便（pien）是（sii）无（mo）官（guon）事（sii），只（zii）为（vi）梅（moi）花（fa）也（-ia）合（hab）来（loi）。"怎么证？你试试用普通话读读这首诗，"梅（mei）"和"开（kai）"，八杆子打不到同一个韵上，客家话一读，"梅（moi）"、"开（koi）"，不是押韵得很吗？

全世界的客家话，又以梅县话最纯正，松软圆润。中央人民广播电话客家话播音员选自梅城方圆五公里以内及梅县松口镇，也许这也和清代以来梅县是客家地区的政治、经济、文化中心有关。而无论客家话流传到哪里，其本质都是客气、客心、客训、客道。就连骂人也不带一个脏字：轻轻一句"大（tai）番（fan）薯（su）"，柔若无锋，细想又憋屈不已，令人三思而颇余后味。

　　由于客家人历史上以小农经济为主，物物交换是主要的方式，这也鲜活地反映在客家话中。例如，买肉称"割肉"，买药称"捡药"，买豆腐称"托豆腐"，经商称"做生理"，采购商品称"掇货"，经纪人称"中人"等，很少使用商品交换中常用的"买"或"卖"，甚至"买"或"卖"都是一个音，就好像对他们来说钱财一点也不重要，今时今日听到如此复古的说法，还真是有点奇怪呢！

　　于是我渐渐喜欢上到菜市场走一圈，听小贩的吆喝，听大妈们讨价还价，录下来就是曲，或是一部史。听着听着，慢慢生出了穿越到宋朝的错觉。

到南国，采一朵芬芳牡丹

但凡是中国人，肯定知道国粹京剧，可是少有人知道，比起被周总理称为"南国牡丹"的广东汉剧，京剧只不过是一个年轻的小朋友。

清朝时期，以中州古音演唱的徽剧、湖南祁剧等"外江戏"班来到梅州，融合民间音乐和佛、道乐曲后，渐渐形成融会汉风客韵的独特艺术——广东汉剧。就连京剧的许多艺术风格，也是吸收借鉴自广东汉剧。广东汉剧是目前保留最完好、最传统的声腔，2008年被列入了第二批国家非物质文化遗产。

电影里常常出现的镜头，是达官贵人酒足饭饱，端坐戏台前，武生一亮相，一阵叫好声。如果如此愈显尊贵，对于在梅州的你来说，当一回达官贵人，易如反掌。

每个周五，你出现在汉剧院，端坐戏台前。来自北方的你，一点儿也不觉得如听天书，因为广东汉剧舞台语言沿用你熟悉的中州音韵、普通话。

也许你只是看热闹的外行，你也不知道它曾受过乾隆皇帝赞赏，却突然对它产生了兴趣。只觉演员妆容精致，情节曲折生动，内容雅俗共赏，第一眼，这朵牡丹瞬间惊艳了你。

不是专家的你，不知道它的唱腔以西皮、二黄为主，兼有大板、昆腔、佛曲和民间小调等。你只是听着听着觉得，这台上唱的竟是那么质朴醇厚、缠绵典雅、古朴刚健，仿佛把你的心情都淋漓尽致地唱了出来。

不是专家的你，并没注意过它的行当分为生、旦、丑、公、婆、净，更不知道净还分为红净、乌净。你只是看着看着觉得，演员的表演或文雅潇洒、或端庄娴淑、或滑稽诙谐、或庄重威严、或刚柔并济、或威猛粗犷，唱念做打，方寸的舞台上，竟演出了大千世界、芸芸众生。

不是专家的你，也不知道子喉、原喉之分。你只是看多了几次后，渐渐发现有一些角色的用嗓和另外的角色不同，你惊讶于他们是怎么发出这种声音的，有的朴实无华，有的百转千回，有的清澈飘逸，有的沉郁浑厚，有的玉润珠圆，有的荡气回肠，仿佛黄莺出谷，仿佛鹤飞冲天，这一念一唱之间，活色生香。

　　不是专家的你，看着看着渐渐也发现，广东汉剧的脸谱有这么多种，红色象征忠贤，黑色象征刚勇，白色、青色则往往是阴险奸诈的代表，渐渐地，演员一出场还未开口，你就已经知道他的性格。

　　于是渐渐地，你成了每场必到的人，你忍不住与朋友分享，邀请朋友与你一起当一回达官贵人，看一回国家领导也看过的剧目，采一朵已经绽放三百年的艺术奇葩，细细赏玩。于是你就知道，这朵牡丹，已不知何时在你心里种下了种子，长出了芽。

这首古曲，等了你七百年

　　天天在看穿越剧，看得各位小女子做梦都想回到古代邂逅个俊俏的贵公子，当一回享尽荣华却深陷内斗的贵妃，演一出感天动地改变历史的爱情大片。可惜呀，目前科技手段还不够完善，回到700年前暂时还不太可能，但是，听听700年前的曲子，体验一下当年皇帝才能享受的的休闲项目，还是不难实现的。

　　广东汉乐，是我国最古老的民间音乐之一，汉剧早京剧二百年，而汉乐又早于汉剧，掐指一算，少则七百年，多则上千年历史，旧时被称作国乐、儒家音乐、汉调音乐。想想彼时，皇帝老儿端坐在龙椅上，边饮边赏，好不享受。

　　世事变迁，今非昔比。今日，广东汉乐不再是帝王将相专享，在梅州大埔，这"中州古乐"成了家喻户晓的流行音乐。史上《大埔县志》记载"埔之风俗，家诵户弦"，就算在今天，这话也说得一点都没错。要是你曾经到过"中国最美小城"大埔，一定不会忘记这个其乐融融的情景：在古朴却华美的老屋里，汉乐爱好者欢聚一堂，弄弦吹箫；有工人、农民、干部、教师，有年逾古稀的老艺人、也有稚气未脱的新学徒。乐曲时而舒缓柔和，像一对细哥细妹在倾吐深情；有时欢快活泼，好似山雀站在枝头婉转啁啾；唢呐模拟人的欢声笑语，更是惟妙惟肖。一曲丝弦乐曲《出水莲》奏毕，明朗欢快的《百家春》又起，从恢弘跌宕的《将军令》到诙谐动人的《嫁好郎》，雅俗共赏，生动活泼。

今天的广东汉乐，遍布大埔城乡，却不仅是民间爱好者的自娱自乐。20世纪50年代中期，古筝"岭南派代表"罗九香参加了全国第一届音乐周及全国戏剧汇演，广东汉乐从此登上大雅之堂，还曾为毛泽东、周恩来等领导人表演，罗九香的名字也被列入具有最高学术权威的《新格罗夫音乐和音乐家词典》。前文化部副部长林默涵更是盛赞广东汉乐演奏家余敦昌硕的唢呐表演为"岭南第一枝"。这几年，香港、新加坡都成了这朵岭南文化的奇葩绽放的地方。

梅州客家人纯朴好客、有节制，或许从汉乐中可见一斑吧。只是，什么样的文化造就什么样的情感，什么样的情感促成什么样的音乐艺术。在文化认同上，从繁华都市到某些乡村，都已逐步西化，新生代尤甚。广东汉乐因战乱被客家带至此地落地生根，一传就是百代，保留至今可称奇迹，或许也正暗示着是这处位于海上丝绸之路起点的梅州客家人，保存着最质朴而正统的中华文化。

到江边，听山歌悠扬

　　历史上客家人迁徙到这偏僻山区之后，交通不便，又远离国家文化中心，农耕的人占的比重比较大。在这样一种略显封闭的环境之下，是不太可能再产生太过阳春白雪的文化的。相反地，下里巴人会更流行和通俗。随口这么一吼，吼出来的流行曲——山歌，唱的就是俗不可耐的男欢女爱。不过，在某种程度上说，山歌和诗经或者南北朝乐府诗一样，虽然很直白，但是有淳朴古风。

　　说到山歌，有个关于松口山歌的故事不得不先提一下。有道是"自古山歌松口出"，这个来历十分有趣。说是松口有个歌仙刘三妹，遗传了山歌天赋、又痴迷于山歌。痴迷到什么程度？"一日三餐歌送饭，夜夜睡目歌贴头"。人怕出名猪怕壮，因她山歌唱得太好，大埔有个号称"歌精"的刁秀才闻其名，纠集一帮闲人乘船而来，要和刘三妹对歌。刘三妹张口即来：

　　　　敢同三妹对山歌，
　　　　问你山歌有几多？
　　　　一条唱来一条驳，
　　　　惊怕"歌精"败阵逃！

秀才口出狂言，得意洋洋，满不在乎答道：

涯个山歌真系多，
大船载来几十箩，
拿出一箩同涯驳，
驳到明年割早禾！

三妹一听，就这水平，还敢来斗？立刻回了一首，把这
刁秀才驳得哑口无言，灰溜溜逃走：

相公唔使逞歌才，
比得很差爱认衰，
自古山歌从（松）口出，
哪有山歌船载来？！

155

从此后，"自古山歌从（松）口出"的故事和落荒而逃的刁秀才一起留在人们心中，流传至今。

客家山歌的题材基本都与情爱有关，这个也很容易理解，一来年轻人精力充沛，田间江上无处安放的多余青春，变成这么一嗓子，也是乐事一件，和今天的小青年街头对女孩子吹口哨一个意思。二来客家地区妇女也是重要的劳动力，山间水边男女混合劳作，不免有春心蠢动的时刻，因此凭歌寄意借曲传情，也就无足为奇了。比如这一首：

约郎约在月上时，
等郎等到月偏西，
唔知外处山高月出早，
还是郎住山低月出迟。

　　这首山歌听来古风犹存，煞是可爱。一来颇有竹枝词味道，最后两句和"东边日出西边雨，道是无晴却有晴"有异曲同工之妙。二来将女孩子那种"月上柳梢头，人约黄昏后"的忐忑不安表现得很到位，"奴为出来难，教郎恣意怜"还好，到底是有了结果，可惜我们的这位姑娘却是形单影只，月下西楼，郎在何处？令人不禁对那位爽约的家伙同怀恨意，所谓"艺术的共鸣"就此产生了。

再来一首：

割草爱割八月卤，
上昼割来下昼收，
阿哥好比卤把样，
任妹抱揽任妹抽。

相比上面的那首，这首歌就少了点含蓄，基本是开门见山直奔主题，近乎于直接发问"你爱我不爱？我反正是一条心在你身上了"这样的表白。不过以男子的口吻，唱出"任妹抱揽任妹抽"，怎么就感觉有点儿别扭？用现在的话来说就是——

这家伙……是个"受"啊！！

敲敲杯子跳跳舞，
杯花声声迎客来

　　2013年中秋晚会，给人印象最深的，除了李玉刚出场时那一场瓢泼大雨，一定还有500个人同敲杯子的壮观场面。这不是小时候一做就会被妈妈骂的事情吗："敲什么敲，乞讨似的！"竟然登上了如此高大上的舞台？！一个人敲也许是乞讨，五百人一起就是艺术了，再加上敲了上百年，便敲成了非遗（非物质文化遗产）。

　　"什么破杯子，底下还有个洞！"可别小看了这两个杯子，它们早已登堂入室，跟家里泡茶的杯子大不同啦！就算杯子底下有了这个洞，若不是行家，一般人恐怕端都端不稳，更遑论用纤纤玉手一拱，敲出叮叮当当的脆响，还要翩翩起舞，关键是，还要整齐划一！配上细妹曼妙婀娜的身姿，也是醉了。

　　不过，虽然杯花舞现在都是细妹在表演，历史上那却是道士的保留剧目。它脱胎于清代在兴宁流行的道教中的法事舞蹈，男扮女装的道士在表演时用五句板说唱的竹板进行击拍，直到100多年前，道士朱官祥对杯花舞进行改革，以兴宁产的白色瓷质伯公杯代替竹板，改良之后，节奏更加多样，声音更加清脆，从此杯花舞初步形成了。

杯子敲着，不只有当当当当；杯子敲呀敲，有快板、有慢板、有拖板，有时叽叽喳喳，有时又叮叮咚咚。除了敲，还有摇杯、转杯、甩杯、杯花出手等动作，节奏时快时慢，时而抒情时而紧张，动人心弦，和着唱词，就像客家细妹在对你讲着绵绵情话一样，听了一遍，还想再听几遍。

若是听得不过瘾，想买一对伯公杯回家自己练练手的话，不如到"陶瓷之乡"大埔走一趟。要知道，中秋晚会台上的那些杯子，可都是大埔生产的呢！模样够靓，声音够甜，就像娶回家的细妹，绝不会让人失望！

在梅州，傀儡不是贬义词

从小到大看了许多电影，从没记住多少影片的情节，然而《木偶奇遇记》中，木偶在老爷爷手中活灵活现，与猫咪玩耍，犹如一个活生生的人……这片段却一直记忆如新。这情景，多像是小时候年年必看的提线木偶戏。

提线木偶戏，顾名思义是用线操纵木偶，客家地区旧称"吊线戏"，古称"傀儡戏"，始于汉代，兴于唐代，盛于宋代。据梅州木偶老艺人记述，木偶戏传入梅州始于明代万历年间（1573-1619），由福建传入大埔、梅县、五华等地。

你别以为木偶戏就是傀儡像僵尸一样的动作生硬的表演，没有那么简单！跟它比灵活，恐怕许多人还比不过它！你能想象木偶舞剑、跑马、踢球、打杯花、写字，甚至变脸吗？细小的棉线系在一只小小的木偶身上，在操作者的一双灵巧的手中，棉线变得柔韧有劲，小小的木偶也"活"了起来：舞剑、跑马、踢球、写字，甚至连变脸也不在话下，表演精彩绝伦，让人大开眼界。

什么戏可以用多种唱法去演绎？木偶戏就可以。梅州提线木偶戏的基本音乐唱腔与广东汉剧相同，属皮黄剧种，道白也用"中州音韵"。但丑角可以自由发挥，念白多夹杂一些客家方言，唱腔也采用一些采茶歌、山歌和民间小调，一些"杂剧"也常用客家话对白，当年连像我这样的小孩儿，也常常跟在大人屁股后头，看得入迷呢！

什么戏可以几个人就撑起一台表演？木偶戏就可以。梅州提线木偶戏班，队伍小，行装轻便，以前通常一班1～5人，10多个常用木偶，几只戏箱笼或小竹箩，流动方便，有2～4张八仙桌即可演出。这种戏班，以五华、大埔、梅县居多。由于木偶戏演出费用低廉，民间每逢迎神赛会、婚嫁喜庆、桥梁屋宇落成等，多雇请木偶戏班演出。

　　梅州的提线木偶戏，除在梅州各城镇演出外，还伸展到邻近的东江、粤北、赣南、闽西等客家地区演出，甚至走出国门，远赴印尼、马来西亚、新加坡、泰国、越南等有客家籍华裔居住的地区演出呢，也算是海上丝绸之路的友好使者啦。

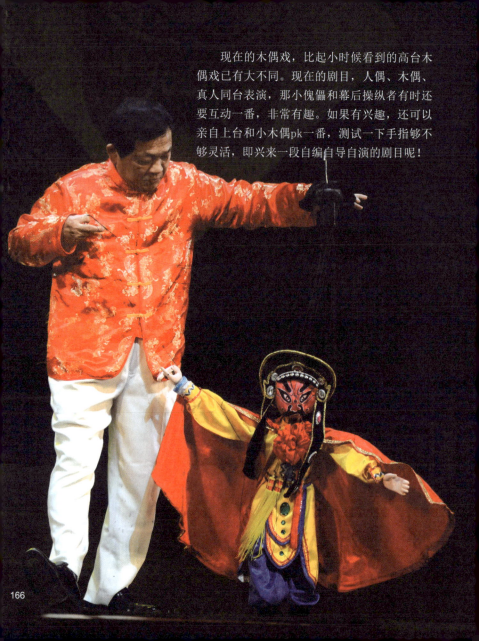

现在的木偶戏，比起小时候看到的高台木偶戏已有大不同。现在的剧目，人偶、木偶、真人同台表演，那小傀儡和幕后操纵者有时还要互动一番，非常有趣。如果有兴趣，还可以亲自上台和小木偶pk一番，测试一下手指够不够灵活，即兴来一段自编自导自演的剧目呢！

梅州文艺演出观赏指南

周五有戏：

每周五晚，广东汉剧传承研究院定时举办汉剧专场演出，每周各有不同类型的剧目上演。

时间：每周五晚

地点：梅州市广东汉剧传承研究院"南国牡丹"剧场

票价及优惠：会员价30元/张，学生价20元/张；60岁以上老人免票。

联系电话：0753-2234872

周六艺苑：

周六晚，广东汉剧传承研究院在亲水公园侧的舞台举办广东汉乐精品曲目展演活动。

时间：周六晚，两周一次

地点：梅州市院士广场亲水公园

联系电话：0753-2234872

票价：免费演出

梅江欢歌：

每周五晚，梅江上开出一艘游船，载歌载舞巡游梅江。这是一个流动的舞台，山歌、汉乐、杯花舞等特色项目轮番上演。

时间：每周五及重大节日晚19：30

地点：梅江，可在两岸、浮桥或乘梅江夜游游船跟随观看

票价：免费演出（乘坐梅江夜游游船则需25～50元/人）

联系电话：0753-2291199

各县（市、区）电影院一览表

横店影视城

地址：梅州市江南路与梅水路交会处客都汇商业文化广场四楼

电话：0753-2120886

行车路线：19路公交车

营业时间：9：30—1：00

客天下3D电影院

地址：梅州市梅江区客天下旅游产业园

电话：0753-2179922

行车路线：4路公交车终点站

营业时间：15：00—23：30

亮胜客家艺术中心剧院

地址：梅州市东山教育基地亮胜客家艺术中心

电话：0753-2222822

行车路线：15路公交车

营业时间：12：30—23：30

梅州开心影城

地址：梅州市梅县江北秋云桥与程江桥河堤中段（原红羽球馆）

电话：0753-2222938

行车路线：2、5、8、9、12、13路公交车到达

营业时间：13:00—23:30 节假日10:00—23:30

兴宁汇丰年3D电影城

地址：兴宁市205国道和山河桥头科技活动中心

电话：0753-3362988

营业时间：周一至周五14:30—23:30 ，节假日10:00—23:30

平远五指石电影院

地址：梅州市平远县大拓镇官田广场

电话：0753-8822223

营业时间：14:00—23:00

大埔客都影院

地址：梅州市大埔县城府前路52号文化广场

电话：0753-5533533

营业时间：12：30—22：30

蕉岭客都影院

地址：梅州市蕉岭县蕉城镇镇山路9号

电话：0753-7863920

营业时间：12：30—23：30

独具

匠心

DUJU JIANGXIN

方寸百态

　　自认为小时候不是一个乖乖型的女孩子，"疯癫"地跟男孩子玩泥巴，打弹弓……对这些可谓是为数不多的原生态游戏爱不释手，但是咱那都是小打小闹，能把泥巴玩得如此"高大上"的，可真是不得不钦佩一番。

　　一块普通的泥巴，在刘沅声手中变成了讲述客家历史、风土人情的载体：携带家眷南迁的客家先人、勤劳耕作的客家妇女、古老的围龙屋、远逝的客家风俗，栩栩如生的泥塑勾得人的眼神根本挪不开。

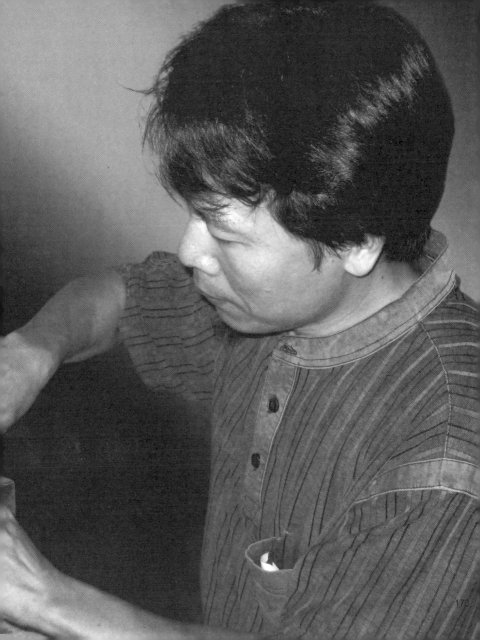

刘沅声是谁？嘿嘿，那是咱梅州民间泥塑艺人，纯自学成才的，"24K滴"！这个客家青年农民，十几年来一直固执地玩泥巴，不管风雨怎样来了又去，也不管日子怎样走了又来，他就是低头弄他的泥巴。

　　大老远地从佛山买来可以烧窑的黏土，捏成一组一组的小泥人儿，送进窑子里去烧。小人呢，有的在补锅，有的在对歌，有的在讲古，有的在喂猪，有的细哥仔们亮出"小鸡鸡"比撒尿，有的小女孩儿背着弟弟在卖菜……这在常人眼中完全是"不务正业"，玩泥巴能过日子吗？

175

但是人家硬是摸索出来了属于自己的创作风格，作品《新路》入选"中国改革开放30周年纪念全国美展"；客家风情泥塑系列荣获"广东省第三届民间工艺精品展"金奖以及"广东省第八届鲁迅文学艺术奖"；作品《客家大迁徙系列》获"广东省第四民间工艺精品展"金奖。这回，再没人说他捏出来的是小打小闹的玩意儿了，玩泥巴真的能玩出门道，这就是活生生的例子。

　　看刘沅声的泥塑，可以从中感悟出颠沛流离的伟大，读出刀光剑影里的壮烈，真庆幸我可以近距离地观看这些泥塑，没有了书册上那种人为美化过的痕迹，才知道方寸百态的造型映衬出的是人世间的情冷暖。

花开四季永不败

一个美丽的错误，一段美丽的传奇——埔寨纸花。

1957年，在丰顺县展览会上展出埔寨纸花，有管理员竟误以为是真花，为之浇水。此事成为奇闻，而埔寨纸花栩栩如生、几可乱真的名声也渐渐远播海内外，在此你可能会提问，真的有这么夸张吗？

开始我也以为，纸花终归是纸做的，再怎么像也是表象，或是赏花之人疏忽大意而已，见到真品之后，我才发现自己的观点是多么的狭隘。能从清乾隆六年（1741）开始盛行至今，没有真正的实力是难以维持的。

一开始是制作没有枝叶的纸花，慢慢发展成花、枝、叶、茎齐备的盆花，270多年的历史背景孕育了现在的精湛技艺。

埔寨纸花种类很多，有牡丹、兰花、九里香、玫瑰、水仙、芍药、菊花、茶花、古榕等40多个品种，几乎所有常见花卉都能做出来。纸花的花盆、花枝、花朵均用纸制成，为了达到跟真花相似的颜色，用料更为独特，花瓣必须用台湾特产的通草纸制作，经过染色、绕铜丝、剪花瓣、规花形、制花朵、组花、过蜡等1000多道工序，耗时数十天才能完工，不过正是因为"慢工出细活"的精致才成就了埔寨纸花的"真"，每一片绿叶，纹路都那么清晰；每一瓣花瓣都那么娇嫩，似亲手从枝头摘下。

埔寨纸花花盆、花枝、花朵均用纸制成，为了达到跟真花相似的颜色，匠人们要一边对比真花一边调色，用真花颜色作参照，因此有时粘一朵花就要用一天时间，一盆花起码要花十来天时间才能完工，不过"慢工出细活"，埔寨纸花的逼真精美也是那些"速成品"无法比拟的。

没有亲眼见过的人很难相信手工制作出来的花如此真实，你愿意相信吗？那么，来吧，看一看这永不凋谢的四季之花吧。

真的猛士，
敢于在烈焰中赤膊舞龙

火中取栗显然不是一种好的行为模式，但是火中舞龙却是截然不同的行为艺术，寓意深远。

梅州埔寨火龙这独特的民间表演艺术饮誉海内外。2008年，"埔寨火龙"被国务院确定为第一批国家级非物质文化遗产。埔寨镇以"埔寨火龙"等民间艺术获得国家文化部授予"中国民间艺术之乡"殊荣。

相传在远古的时候，东海龙王的第21个孙子叫浊龙，被父王派到南粤莲花山脉管辖赤岭（现今埔寨一带）。浊龙上任后，胡作非为、鱼肉百姓，把这个地区搞得乌烟瘴气。群众忍无可忍，只好向老龙王告状，于是龙王命其小女清凤，佩上龙剑赶往南粤。一日，清凤趁浊龙醉酒如泥时杀死了他，将其斩成龙头、龙颈、龙身、龙尾四段，然后带回斩下的龙头向父王禀报。留下其余三段，变成现今埔寨的"龙身"、揭阳的"龙尾"、揭西（与埔寨交界处）的"龙颈"。埔寨人民的祖先把这古老的民间故事，巧妙地通过"烧火龙"的形式，作为闹元宵的文艺活动，代代相传。现如今，"埔寨火龙"有寓意庆丰收，迎新岁，祈祷风调雨顺、百业兴旺、五谷丰登之意。

在首届客家文化艺术节上，闭幕式压轴大戏便是火龙表演，着实让观众大饱眼福。三四十个勇士赤膊上阵操作，丝毫不畏惧崩落的火花溅落在身上，在光彩夺目的火光中表现得尤为强捍。场面壮观惊险，表演独具特色，令人叹为观止。

火龙队伍前面是锣鼓队、鳌、鲤、虾、绣球，最后是火龙，还有在火龙两边的火缆队（火缆：火把的一种，用竹篾编成，长长的，像缆绳一样，用时剁成一截一截的），

将火缆画半圆形。高大的龙头，两只眼珠光芒四射，气势雄壮，犹如天降神龙。在喜炮声中进入广场后，一边绕场，一边向观礼台及观众点头参拜，表示敬意．绕场三次后点燃，火龙首先从嘴里吐出火珠，接着全身放出奇丽的光彩，千万道各色各样的火花交织在一起，万箭穿云，漫天光彩辉煌，天地间浑成一体，火龙在火海中翻腾，气势壮观、惊险奇特，动人心弦。由于表演火龙，给人们带来吉祥的寓意，火花如若在你的皮肤烫出了"泡"（当地方言"泡"与"钞票"的"票"同音，就是钱的意思），那今年你一定会发大财。就算咱不是财迷，咱也借个好彩头，嘿嘿。

万民同乐不夜天，银花溢彩景长春。当火
龙燃起时，人们随之奔跑、涌动，原始的乡土
气息及热烈的节日气氛瞬间感染在场的每一个
人，这是城市里早已消失的一幕……

童年的甜蜜

　　小时候大人总是耳提面命地告诫我们，有陌生人给你糖吃千万不要跟他走，我们总是答应得好好的，但是一旦有人拿糖"挑逗"，我们还是乖乖"就范"，可见爱吃糖是孩子的天性，每个人，都无法拒绝这童年的甜蜜。

　　而每个客家的孩子，都不曾忘记梅州特有的味道——松源麦芽糖，那伴随我们成长的甜蜜。它有着数百年历史，香甜爽脆，适口不腻，营养丰富，具有健胃消食健脾等功效，是老少皆宜的食品。梅县松源的麦芽糖，是梅州最有代表性的品牌，因其制作麦芽糖的历史悠久而名扬海内外，松源因而成为各媒体拍摄"麦芽糖——客家手工制作"的"指定"拍摄点，不少人甚至慕名前往。

位于松源镇径口村的老二麦芽糖，是松源镇生产麦芽糖的老字号，由其祖宗流传下来已有百年历史。走进该麦芽糖作坊，可以看到工人正在用机器拉绞饴糖，一块块赤色的饴糖在机器拉绞的过程中逐渐变白。店主王承胜是老二麦芽糖的第5代传人，他告诉我们："以前都是人工拉绞，自机器代替手工拉绞后，效率大大提升，原来10多分钟的拉绞现在只需3分多钟即可完成。逢年过节，麦芽糖销量极好，来购买的除了松源人外，还有一些江西、福建的顾客，甚至海外华侨也会专程到店里购买。澳洲有位60多岁的姨婆，每次回国都会托亲人从广州过来买，或联系我们寄给她。有两次还是她亲自到店里买了10多斤回去。"除了店面销售外，王承胜还开设了网店，生意不错。

灵丹妙药麦芽糖

梅州松源本地民间偏方：麦芽糖炖梨或萝卜可以治疗咳嗽，作为一种对身体非常有益的健康糖果，麦芽糖具有排毒的作用，防止便秘；它低能量或无能量，最大限度地满足了那些喜爱甜品而又担心发胖者的要求，还可供糖尿病人、肥胖病人和低血糖病人食用；还有合成维生素的功能，双歧杆菌在肠道内能自然合成维生素B1、B2、B6、B12、烟酸和叶酸；不会引起龋齿。

没有金刚钻，也揽瓷器活

　　大埔的陶瓷生产历史悠久，源远流长。陶器生产始于商周，瓷器生产奠于宋末、兴于元初、鼎盛于明清，瓷器生产距今已有800多年历史。它在我国的陶瓷文化和工艺发展史上，占有极其重要的地位。

大中国的陶瓷文化熠熠生辉，咱大埔陶瓷同样璀璨夺目。

在大埔县枫朗镇王兰村发掘的新石器时代晚期"金星面古文化遗址"和"林屋背后山古文化遗址"中，揭开了大埔先民烧制陶器的历史序篇，证实在夏、商时代已经制作各种饮食器皿等。秦、汉、唐代，大埔的陶器制作工艺由粗陶向釉陶过渡，从而为生产瓷器奠定了工艺基础。宋、元代，是大埔的原始瓷发展为瓷器的重要时代，产品主要有青白釉瓷和仿龙泉瓷。明、清代，是大埔瓷器的巅峰时期。明朝，大埔成为了民间陶瓷商品生产的集中地，大埔独树一帜的"釉下青花瓷"，以其如脂似玉、色调素雅而闻名世界。清朝，大埔成为广东的陶瓷四大产区之一。

伊丽莎白女王也喜欢咱大埔陶瓷。

陶瓷是泥土与火的艺术，是糅合大自然造化之功和人类智慧的结晶。久负盛名的大埔青花，是凝聚千百年窑火烧炼之技艺精华，融合世代瓷工为其竭力付出的智慧和心血所创造出的奇迹。目前，大埔的青花瓷工艺水平处于全国乃至全世界领先的地位，尤其是被誉为"瓷坛明珠"、"广东陶瓷之花"的大埔青花薄胎瓷，更是以白如玉、明如镜、薄如纸、声如磬而享誉国内外。大埔瓷区人民就曾为叶剑英元帅专门设计和制作了一套"蝶恋花"釉下青花餐具；曾为英国女王伊丽莎白二世首次访问香港专门制作了一套"英女王首次访港纪念"瓷器。

老艺人正在聚精会神地画青花瓷——大埔有着"中国青花瓷之乡"的美誉，大埔生产的青花瓷工艺精湛，具有浓郁的乡土气息，以坯体薄似蛋壳享誉国内外！

面线圆舞曲

  在丰顺县特别是县城汤坑周边，炒面线可以说是家喻户晓，每逢宴请宾客，餐桌上总少不了这道美味佳肴，它不仅制作工艺精湛，而且寓意深长，饱含着浓浓的乡土气息，但凡尝过炒面线的人都会被它独特的风味深深吸引而流连忘返。

面团在手上舞动

　　一直以来，手工面线秉承着传统扎实的手工制面技术。其制作过程，要充分运用搓、揉、捏、挤、压、拉、甩等精湛手法，经过揉面、割面、搓面、上面杆、拉面、醒面、抽面、甩面、晒面、挂面、蒸面等10多道程序精心制作。曾有一副对联贴切地道出了汤南手工面线的制作工艺，"金梭玉帛、牵丝如缕"，横批："巧夺天工"。

　　手工面线的制作，贵在一个"精"字。首先以高筋面粉加适量盐水手工揉制成面团，然后将面团分割，用力甩成条状，再在撒有木茨粉的面线筐上反复搓揉成细圆条状。将细圆面条以"倒8字"形环绕在两根面杆上，撒上木茨粉，由两人各握一端，将面条稍微拉长，再沾些木茨粉，静置在面柜上进行醒面。一段时间后，原本两竹竿间的面线就会变长。将经过两次以上醒面的面线取出，插在专门拉面的架子上即可开始拉面。拉面线要讲究巧劲，运用拉、甩、扯、拖、弹等功夫，将面线拉得越细越长越好，一般可以拉出2~3米。面线拉好后，需要拿到室外晒干。将晒干的面线对折，扭断面头，便做成了嫩滑可口的白面线。将白面线放入炉灶内蒸一段时间，待面线慢慢由白变红，再取出放凉，扎成小束包装。至此，面线才算制作完成。听着是很烦琐，但是也算"苦尽甘来"。

家逢喜事，面线不能少。结婚做喜事，炒面线；过节客人来，炒面线；大年大节，还是炒面线。丰顺面线，你值得拥有！

小贴士：

丰顺面线，全麦制作！麦子连皮一起打成粉，手工拉成一把，不能叫面条，只有拉得很细，才能称之为面线。

面线可以炒着吃，也可以煮汤，下锅前用冷水洗一下，冲淡咸味，再用手扯短一点或者用剪刀剪几下，否则一把面线基本就是一根的，很长很长。现在人吃的粮食太精细了，米都是磨过几道的，还"抛光打蜡"，得多吃这种全麦产品，增加膳食纤维，这样才能让肠胃功能更好。

这真是条硬打硬的汉子

在风景秀丽的珠海香炉湾畔，矗立着一尊巨型石刻雕像"珠海渔女"，石雕有8.7米高，重10吨，用花岗岩石分70件组合而成，是中国第一座大型海边石刻雕像，成为了珠海市的象征。

珠海渔女无人不知，但绝大部分人不会知道珠海渔女石刻雕像出自咱们梅州五华。俗话说："五华阿哥硬打硬"。五华县由于石资源丰富，很早以来就有不少人靠打石为生，石匠众多。无情的顽石，却能在五华硬汉的手中变为充满生机和巧夺天工的艺术精品。五华建筑、雕刻工艺名闻海内外，是声名远播的"石匠之乡"。"亚洲球王"李惠堂的父亲李浩如，就是其中的代表人物之一。李浩如1873年到香港，他技艺超群，由打石而致富，20世纪20年代曾任广东省石业会馆和香港石业会馆会长，有"石行伟人"、"石状元"之称。矗立在香港中环的汇丰银行大厦，就是由李浩如参与兴建的石砌高楼。

除了珠海渔女与汇丰银行大厦，北京天安门广场的石建工程、广州烈士陵园的墓道与中苏血谊亭石书（"中苏两国人民的战斗友谊万古长青"）、广州越秀山五羊石雕、广州海珠广场解放军石雕、广州东方宾馆五羊石雕、白云山能仁寺跑泉的石卧虎、佛山城雕、南昌"八一"起义纪念碑等等，毫无悬念，全都是咱五华阿哥的杰作！

　　五华石匠技艺精湛，名师巧匠辈出。他们能凿石成门、窗、柱、础、碓、磨，能铺设公路、桥梁、码头、海港，能建筑高楼大厦，能雕刻千姿百态的人物、山水、草木花鸟、走兽飞禽。好吧，说多了都是虚的，眼见过才是真的，来看看吧！

梅州市国家级/省级非物质文化遗产名录

序号	非遗名录	归属地	级别
1	客家山歌	梅州市	国家级
2	广东汉乐	大埔县	国家级
3	广东汉剧	梅州市	国家级
4	席狮舞	梅江区	国家级
5	提线木偶戏	五华县	国家级
6	埔寨火龙	丰顺县	国家级
7	松口山歌	梅县区	省级
8	船灯舞	平远县	省级
9	竹马舞	五华县	省级
10	杯花舞	兴宁市	省级
11	龙舞（花环龙）	大埔县	省级
12	鲤鱼舞（鲤鱼灯）	大埔县	省级
13	五华石雕	五华县	省级
14	铙钹花	梅江区	省级
15	打莲池（莲池舞）	蕉岭县	省级
16	竹板歌	梅县区	省级
17	竹板歌	蕉岭县	省级
18	竹板歌	兴宁市	省级
19	埔寨纸花技艺	丰顺县	省级
20	狮舞（青溪仔狮灯）	大埔县	省级
21	木偶戏（提线木偶戏）	梅县区	省级
22	采茶戏	五华县	省级
23	锣花舞	五华县	省级
24	五鬼弄金狮	五华县	省级
25	光德陶瓷烧制技艺	大埔县	省级
26	兴宁罗家通书推算法	兴宁市	省级
27	客家盐焗鸡制作技艺	梅江区	省级
28	龙舞（青溪黑蛟龙灯舞）	大埔县	省级
29	客家娘酒酿造酿造技艺	梅县区	省级
30	长乐烧酒制作工艺	五华县	省级

回味无穷

HUIWEI WUQIONG

酿的不是豆腐，是乡愁

惠梅汀赣客家州，半夜收浆年近愁。

思念中原包饺美，方方豆腐馅来谋。

每到年关将近的时候，阿公总会在晚上浸好黄豆，半夜起来磨豆腐。石磨的嗡嗡声，就像甜蜜的摇篮曲，听着它，想着明天就能吃到阿婆做的酿豆腐，心里别提多高兴啦！

阿婆做酿豆腐特别讲究，除了豆腐必须是阿公亲手做的以外，肉也要选上等的梅条肉，剁碎后掺入炒香的香菇和爆好的鱿鱼丝，加入胡椒料酒酱油盐拌好。在豆腐切口上细细地挖一小洞，将肉馅"酿"进豆腐中，放入油锅煎至金黄，加鱼露、胡椒粉和上汤，焖透后撒上葱花才能出锅。白白的豆腐，红红的肉馅，青青的葱花，光看就已经口水直流了，更别说趁热吃进一口的那份咸香润滑，根本就是停不下来啊！

"阿婆，这么好吃的酿豆腐是谁教您做的呀？""是老祖宗啊。说起来，酿豆腐还是阿婆的阿婆的拿手菜呢。老祖宗说，我们客家人的黄豆种子是从中原老家带过来的，南迁以后没有面粉，就只好在相似工艺的酿豆腐上找寻包饺子的记忆，平平方方的豆腐，多像一马平川的平原啊！北方的老家过年要包饺子，我们过年就酿豆腐，这么多年从来都没有变过。"

是噢，客家的美食万万千，唯独酿豆腐和盐焗鸡、梅菜扣肉一起成为了客家菜的香饽饽。为什么呢？因为它不单单是菜，在它的身上还流传着生生不息的中原血脉，流传着客家远飘海外的游子浓浓的故土情，就连孙中山先生作客客家时，禁不住也对酿豆腐发生兴趣，为此还有了一段"羊斗虎"的佳话。1918年夏天，孙中山先生到梅县松口视察，当地乡绅设宴款待。席间，孙中山先生夹起一块客家酿豆腐吃起来，觉得味道可口，便询问此菜菜名。"什么？'羊斗虎'？！好好好，羊也敢斗老虎，真值得我们钦佩啊！"没想到这个"客家普通话"带来的有趣误会，还给客家酿豆腐增添了一个雅号。

客家人客家菜，客家菜客家情。客家先祖们在无奈中迁徙，在迁徙中壮大，他们用双手打拼出了围龙天地，也将满满的乡愁酿进了白白的豆腐里。也许是世代相传的患难意识，客家人顽强地守护着先祖从中原带来的传统，直到今天，中原文化依然被客家人演绎得活色生香。来梅州尝尝酿豆腐，体验这份故土的味道，幸福的味道吧。亲，你动心了吗？

小贴士：

酿菜在客家菜系中最为常见。除了文中的酿豆腐，还有合称为"酿三宝"的酿茄子、酿苦瓜、酿青椒。这道菜的特点就是苦味、辣味、茄香与肉香交融在一起，风味独特，香而不腻。大家来了梅州，一定要尝尝！

起油锅，
炸芋圆——过年啰

你听说过"Hakka Fried Taro Ball"吗？

一般人我不告诉他噢，这可是梅州最经典的过年小食——炸芋圆。

炸芋圆用的是一种叫"白荷芋"的芋子，把芋子刨净后擦成丝，再加上糯米粉、生姜丝、花生、盐等配料后落油锅炸制而成。炸芋圆具有酥、香、脆的美味，是许多梅州人记忆中抹不去的老味道。

除了炸芋圆，梅州人过年还喜欢煎圆子、做油角、炸散子，在梅州人眼中，这些炸制品都寄托着美好的情感和愿望。客家"夹心饼干"——油角又名"角子"，与"饺子"读音完全一样，除了对中原故土的怀念，客家人还希望来年的日子也像油角那样油润、富足。客家"煎堆"——煎圆取其团团圆圆、圆圆满满之意，而客家"粟一烧"——散子则象征着开枝散叶、人丁兴旺。

在寒冷潮湿的冬天，这些装在瓮里的炸制品带给梅州人无穷的温暖和滋味。亲，你动心了吗？

小贴士：

　　在梅城江北有一个炸品集中营，它就是油笋街。油笋街有四个老字号的炸品店，分别是杨氏、龙记、伟达、金星，他们的经营模式都是前店后厂，味道绝对正宗。

老板，
腌面三及第！

　　早上去吃腌面，结账的时候老板娘说15元一份，天哪！怎么这么贵！老板娘笑了笑说，因为你吃的是"王力宏同款"腌面呀，就是这么好吃，就是这么任性！

　　对噢，因为力宏"男神"在微博上的倾情推荐，梅州的腌面彻底火了，不仅微信、微博、淘宝代购被攻陷，就连梅城年轻男女约会的暗号也变为"力宏同款腌面，约吗"，这是要和国际品牌沙县小吃抗衡的节奏啊！

　　腌面是梅州地区的特色小吃，在梅城居住的人，谁都对腌面不陌生，有很多人甚至把腌面当作早餐的代名词，因而梅城的腌面店也是遍地开花，生意兴隆。有句老话说："开间腌面店，可管一家饱。"由此可见，腌面已经成为梅州市民钟爱的客家美食。而对于那些出门在外的梅州人来说，腌面更是难忘的家乡味道，回乡时只有吃上一碗腌面，心中才会觉得真正回到了家。

说到腌面，不得不提它的好伙伴——三及第汤，要知道三及第汤可是连续pk掉了艾草瘦肉汤、咸菜牛肉汤、鱼头汤、肉丸汤等众多汤林高手，才登上了腌面黄金搭档的宝座。三及第汤看似普通，其实在选料上非常讲究。上好的三及第汤，选用的是当天凌晨刚宰杀的新鲜猪肉中最鲜嫩的"肌顶肉"，加上清爽的猪肝、滑嫩的粉肠，煮上两三分钟，红润的汤汁再加上红曲、枸杞叶等青菜，绝对是味道鲜美、营养丰富。

　　每道美食的诞生背后都有一段不平凡的故事。相传清朝时，广东林召棠中状元回乡拜祖，他每天都喜欢用猪肝、猪肉和猪粉肠熬汤而食。有一天，一位退居广州的御史前来探访林召棠，林状元正在喝汤，御史便问他喝的是什么汤。林召棠知道老御史盼望儿子能科场高中，因此指着那汤恭敬地回答："及第汤。"御史喝过及第汤后，回到家里便命厨人依法炮制，精心熬制及第汤给儿子吃。后来，他的儿子果然高中状元，御史大喜过望，逢人便讲及第汤的好处。因为在科举取士时代，状

元、榜眼、探花为殿试头三名，合称三及第，后人就把用猪肉、猪肝、猪粉肠三种猪内脏比作三及第，三及第汤也由此得名。因为这份美好的寓意，客家人特别爱喝三及第汤。在梅州，每当考试前夕，家长都会熬制三及第汤给孩子喝，希望他们考出好成绩，一碗小小的三及第汤其实饱含着客家人深厚的崇文重教思想。

　　尽管时代变迁，梅州的腌面和三及第汤却依然保持着纯正的口感，它们已经成为梅州人生活中不可或缺的一部分，在客家饮食文化的血液中尽情流淌，甚至幻化为许多游子思乡的情结，让人牵肠挂肚。在梅州，冬日里醒来，用一份三及第汤配腌面的早餐驱赶寒冷，一天的慢生活从这就开始了。亲，你动心了吗？

走进梅州的大街小巷，就会发现腌面和三及第汤的早餐店比比皆是。这里特别挑选了江北、江南的几家供大家参考。

1. 江南三板桥路的林记早餐店、蕉岭亚芬三及第、大埔手工面：分量超足，肉汤鲜美，特适合食量大的朋友帮衬。

2. 江南梅新路段的森记饭店：面条滑香，还有秘制酱料！

3. 江北梅江桥底凌风东路原东方红商场对面：开业10多年的小店，粉面用料上乘，爽口不腻，回头客超多！

4. 黄塘市场后面往沙子墩方向的强记腌面：黄塘小吃的一绝，虽然开张两三年，却创下了腌面的好口碑，分量十足，味道一流。

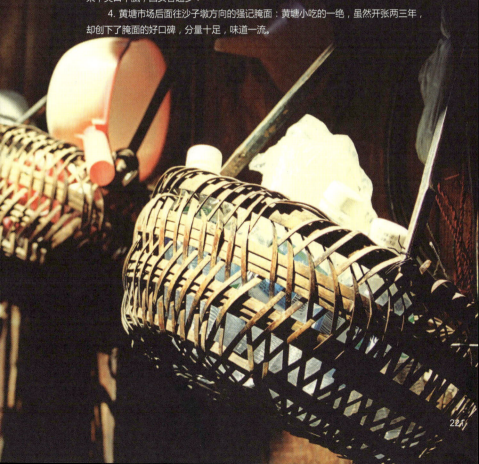

来，粄帮开会！

如果用八个字来形容客家人的餐桌，那绝对是"群英荟萃、粄帮开会"。捆粄、笋粄、薯粄、艾粄、黄粄、发粄、粟粄、清明粄、忆子粄、味酵粄、仙人粄、老鼠粄、珍珠粄、鸡血粄、七月七药粄……这些各式各样、各具特色的粄粄和盐焗鸡、酿豆腐等客家招牌菜肴一起成就了舌尖上最美味的梅州。

什么是粄？粄其实就是客家菜中一款地道的主食（也有说是小吃）。粄的种类很多，有用大米做的，也有用糯米粉做的，还有用木薯粉做的，经过不同的加工手法制作出来，品种有200款之多。客家人在一年四季的重要节庆都离不开做粄，有人说吃粄食的人就是客家人。这个连汉语词典里也找不到的字，的确是客家话所独有，它相当于汉语里的"糕"字，也是邻近的闽南语的"粿"字。

钵粄，是客家人春节餐桌上的主角。钵粄也叫发粄、笑粄、碗子粄，是客家人过年过节常吃的糕品，也是祭祀场合的主客。经过发酵和急火猛攻，粄面从碗里拢起来，会出现裂缝，就好像是花开了一样。客家人也把这道发酵后的裂缝说成"笑"，并把这种"笑"看成是"发财"的预兆，要想一年顺利，这道笑容绝对是必不可少的。

清明粄，是客家人生命韧劲的象征。清明节是中国各地扫墓祭祖的特定日子，然而在梅州，清明节当天却鲜见人们祭扫，只闻清明粄飘香。据说这是因为清明节正处于"三荒"时期，当时远道迁徙的客家人生活贫苦，此时连祭祖的"三牲"鸡、猪肉、鱼也难以办齐，更不用说置办其他祭品了。在这时，一碟小小的清明粄摆在墓前，既包含着客家后人对先人的怀念与告慰，也包含着客家先人对后人人丁兴旺、吉祥相伴、健康成长的佑护和勿忘艰难、珍惜当下、勇拓未来的叮嘱。清明粄流传上百年，除了先人赋予它美好的寓意外，还与它本身具有的功效有关。俗语说"清明时节，百草好做药"，清明粄由艾草、苎叶、鸡屎藤、白头翁等草药熬制而成，具有祛湿、暖胃、解毒气等功效，保健作用也是"杠杠"的。

　　仙人粄，是客家人炎炎夏日时的哈根达斯。这种黑色胶冻状的客家清凉饮料，是用仙人草熬制几个小时，最后加红薯淀粉凝固而成的。农历入伏吃仙人粄是客家人的习俗，据说这天吃了仙人粄，整个盛夏都不会长痱子。李时珍云："仙草味甘、性寒，煮成茶饮，清凉解渴、降火气，消除疲劳，老少咸宜。"对于客家人来说，仙人粄就是赛过哈根达斯的清凉解暑小吃，每到夏天，到处都是卖仙人粄的叫卖声，吃上一口，凉丝丝、乌溜溜，要是再加上几滴蜂糖香蕉露就更是香滑无比了。

味酵粄，表达了客家人对未来无限的向往。特别是在梅县松口，逢秋日必蒸味酵粄，因为那时正是收割早稻新米的时节，一定先用新米磨味酵粄来敬神。味酵粄可甜食，用甜酱油（酱油煎后加点红糖加点盐）或蜂蜜淋在凹陷处，横竖几行让酱料流入沟壑中；也可咸食，蒜末经炸后放入酱油、麻油即可；还可炒食，切成手指见长见方，炒上香香的肉丝配以青菜，加盐炒至粄面有点金黄离火，这时表面酥脆内里爽脆，新米香和着肉香青菜清香，让人欲罢不能。

客家的粄还有很多，这些小小的粄粄，承载着客家太多的历史，承载着客家人太多美好的情感。一团软软糯糯的粄粄，配上一杯甜甜热热的娘酒，亲，你动心了吗？

小贴士：

梅州的粄种类太多了，要一样样吃过来估计得好几个月才行。这里就把最有特色的粄粄列出来，走过路过，千万不要错过噢！

梅县区：老鼠粄、味酵粄……多到你无法想象。

兴宁市：黄粄、萝卜粄、酿粄……根本停不下来。

平远县：仙草之乡，当然首推仙人粄啦。

大埔县：中国小吃名县，笋粄、粟粄、忆子粄、珍珠粄……统统都到我的碗里来。

丰顺县：捆粄、菜粄……好吃到流泪，五星推荐！

柚子，原来挂在树上

"哎呀呀，原来柚子是长在树上的啊！"

"原来柚子树这么高呀，我还以为柚子和倭瓜一样长在藤上的呢！"

"没错，柚子确实是长在树上的。那你知道一棵柚子树能结几只柚子吗……"

"十几个吧。"

"五六十个最多啦。"

"其实，一棵柚子树能结出两三百只柚子……"

"天哪，三观被刷新了。"

"柚子树好可怜，不能给它减减负吗？"

自从回到梅州，我带着许多北方的小伙伴到梅州的柚园扫了盲，看着他们一脸诧异的样子，心里的那份自豪感便会油然而生。

梅州是金柚之乡，这里已经有一百多年的种柚历史。梅州的金柚，果色鲜黄、外形美观、肉质脆嫩、清甜爽口，以其丰富的果肉营养和高维生素含量被称为"水果之王"、"岭南佳果"，又因其耐贮藏运输，在自然通风条件下，可贮藏半年而不改风味，又有"水果罐头"之称。

要看柚树，赏柚花，摘金柚，首推梅县南福村的千亩金柚园。每年柚花开时，满山遍野苍翠的柚林中，一枝枝，一朵朵，雪白的花儿缀在绿枝上，煞是抢眼。微风吹过，花香荡漾，百里能闻。而到了柚子即将采摘的霜降时间，看到的将是满树金黄，也就能理解为什么梅州的柚子叫做"金柚"了。

　　常食金柚好处多。金柚含有丰富的蛋白质、有机酸、维生素C以及钙、镁、磷、钠等人体必需的元素，有预防感冒、去除色斑、降低血压、延缓衰老等功效。不过柚子性寒，身体虚寒的人吃多了柚子可能会腹泻，不要太贪吃噢！

小贴士：

　　快速开柚子小窍门：

　　第一种方法：柚子洗净擦干水，用水果刀从中间划一圈，尽量不要划伤果肉，这个试两次就有经验了，然后用刀从中间插入，先从上半部沿刀痕转一圈，一个小碗就出来了，同样的方法就可以把柚子完整取出了。

　　第二种方法：柚子洗净擦干水，用水果刀切掉头部尖顶处，自上而下划四刀，尽量不要伤到果肉，用饭铲插入其中一片即可轻松剥离，同样的方法将整个柚子剥出。再用棉线在顶部卡在柚子瓣中间往下拉，即可轻松掰开柚子了。

一坛娘酒一坛情

客家娘酒醇又香，远方客人尝一尝，
寒冬腊月梅花香，客家阿妹酿酒忙，
家家喜酿迎宾酒，欢腾景象满村庄。
客家娘酒醇又香，酒香阵阵追笑脸，
醉了月亮醉太阳，酒香溶进山歌里，
山歌一曲长又长，唱出客家热心肠。

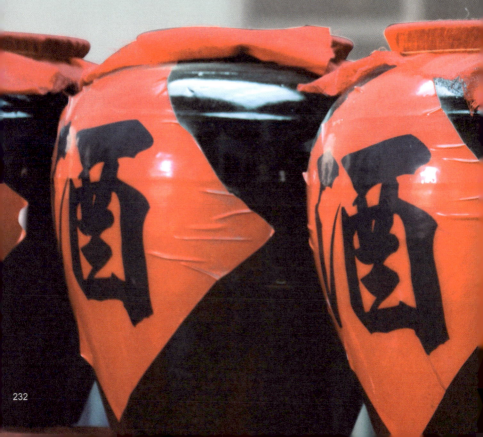

客家娘酒，一个美美的"娘"字，注定了它跟客家女人有着密切的关系。都说娶妻要娶客家女，客家姑娘可是公认的贤良淑德的典范。早在1890年，英国学者爱德尔就在书中称赞，客家妇女是中国美丽的劳动妇女的典型。无论是田头地尾、锅头灶尾，还是家头教尾、针头线尾，无论是上事翁姑、下育子女，还是内理家政、外务农活，处处都可以看到客家妇女辛勤劳作的身影。而新一代的客家女性，更是"上得了厅堂、下得了厨房，还情甜胜过冬蜜糖"，那幸福的味道真是如醇醇的客家娘酒，令人回味悠长。

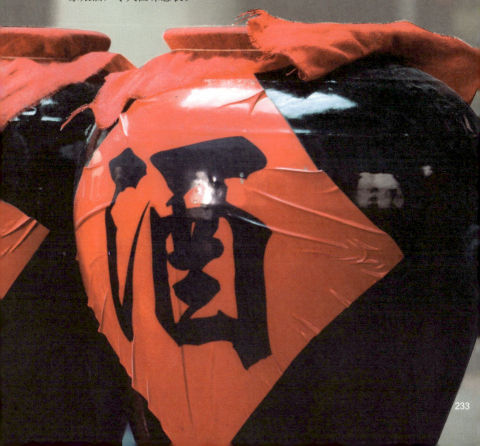

　　客家娘酒讲究"山味"、"土味"，主要原料糯米要用刚脱壳的糙米，水要用古井水，酒饼要用江西、福建宁化的土酒饼，就连清洗酒缸、酒瓮也不用洗洁精，而是用客家地区随处可见的"布惊叶"来清洗。每年秋冬时节，客家主妇们会先把酒缸、酒瓮、大锅等蒸酒器具用"布惊叶"泡洗干净，把糯米焖熟、凉透，然后把酒饼研碎、调冷，开水均匀撒在糯米饭上，倒进酒缸里发酵，加盖并保温三天，每天加入适量的古井水。最后将米酒从酒糟中过滤出来，装进小瓮中，加入红曲，用草皮封好，埋入燃有暗火的火堆中炙上好几个小时。这样，不但可以使酒质更加醇厚清香甜美，而且可以保存更长时间。

　　一想起客家娘酒，浓浓的酒香就会随着时光隧道飘飘而来。还记得十几年前，每到做酒的时节，外婆总会叮嘱年幼的我，酒是很小气的，一发脾气就酸，所以那段时间我特别小心，绝对不讲半句不吉利的话。而在做酒的最后几天，酒香已经弥漫着整座老屋，外婆会偷偷地用手指蘸点给我吃，老实说那时的酒像糖水，引诱着我多喝点、多喝点，结果总是脸红红地睡着了。

在梅州，家家户户都精熟于酿制客家娘酒，逢年过节，庭前院后都晒满了酒瓮、酒缸。老人们常说："酿酒磨豆腐，唔敢称师傅。"可是外婆做的酒，次次都甜，大家都说好。外婆常说，她一生都在酝酿自己独特的客家娘酒，就像先祖们一生一世都在走自己独特的客家之路那样。客家人深深的故土情，全在一杯最浓最香的客家娘酒中。

寒冷的冬日，温上一壶自家酿的娘酒，和三五个好友把酒畅谈一番，亲，你动心了吗？

小贴士：

客家娘酒味美香甜，醇香爽口，可以直接饮用，也可以与鸡、鸡蛋等一起煲。有活气养血、活络通经、补血生血以及润肺之功效，是中老年人（糖尿病人除外）、孕产妇和身体虚弱者补气养血之佳品。《幼学琼林》中记载："其味香芬甜美，色泽温赤，饮之通天地之灵气，活经络之神脉，尤适健身养颜之益也。"这里简要介绍一下客家娘酒鸡的做法。

材料

土鸡800克、客家娘酒500毫升、姜50克、盐5克、油30毫升、高汤250毫升。

做法

1. 土鸡洗净，清除内脏和表面杂毛，用斩骨刀剁成4厘米见方的小块。老姜拍破备用。

2. 大火加热炒锅中的油至五成热，放入老姜和鸡块快速翻炒，将鸡块表面煸成金黄色并微微发干。

3. 在锅中加入400毫升娘酒和高汤，大火煮开后调成小火加盖煲煮25分钟。

4. 最后加入剩余部分的娘酒，调成中火开盖再煮5分钟，上桌前调入盐即可。

在梅州，你恋艾了吗？

在梅州，有一棵小草，没有花香，也没有树高，但人人都知道。她遍布在梅州山涧田头的角角落落，做着终年的绿梦。当三月的春风吹过，她灿烂地成长，一丛丛，一片片，如涌动的绿海在向我们热情地招手。她，就是艾。

艾，在很早以前就已经是医书里的一种良药。她性味苦、辛、温，有理气血、逐寒湿、温经止血、护肝利胆等作用，无论内服或者外用都对人体有不错的功效。而在梅州，艾早已走进了客家人的餐桌并被视若珍宝。

许多人了解艾是通过客家人的"清明粄"，其实初春还未响雷之前的艾才是最鲜嫩美味的。那时摘来的艾，只需洗净切碎，下锅稍炒，然后把艾铺开，敲两个蛋，打碎了，平摊在艾上，"哧"的一阵轻响，瞬间，清新的艾香和着蛋香，便会在整个房间弥漫开来，入心入肺，仿佛整个人躺在草香盈野的草坡上了。锅内再放入开水，煮上十分钟便有了一碗绝佳的"白玉靓汤"。初尝的朋友可能对艾的独特气味不太适应，但多喝几口，绝对回甘悠长，风味难忘。

到了清明，踏着纷纷的小雨，客家女人们开始采摘大把大把的艾叶，又到了蒸清明粄的时候。把摘来的艾草煮出绿汁，再切碎，然后拌在适量的糯米粉、黏米粉中，加入白糖，充分搅拌后便大功告成了。一个个小小的清明粄，油绿如玉，糯韧绵软，清香扑鼻，吃起来甜而不腻，让人越吃越想吃。

转眼又到了端午，这时的艾是最温补的。外婆常说，艾是上天给客家女人最好的馈赠。在客家娘酒鸡里加入艾，去了苦味，出了香气，还有暖子宫、抗风寒的功效。当然，客家人端午节用来避邪的也是艾。

端午时节草萋萋，野艾茸茸淡香衣。无意争颜呈媚态，芳名自有庶民知。这就是客家人珍爱的艾，她默默无名、其貌不扬，却守护着一代又一代客家人的健康。

又是一年春来到，梅州的艾已经在招手了。亲，你动心了吗？

小贴士：

都说广东人爱喝靓汤，客家人更是出名地爱用各种中草药煲汤。这里选取几样最常见的汤料与大家分享。

1. 五指毛桃：取猪排骨或鸡块与五指毛桃根一起熬成汤，味如椰汁、色如牛奶，清润可口还能健脾胃、祛湿困、舒筋络，特别是对支气管炎、气虚、食欲不振、贫血、胃痛、慢性胃炎及产后少乳等病症都有一定的作用。

2. 鸡骨草：用鸡骨草煲龙骨，汤清甘甜，没有一点中药味，具有清热利湿、除痰止咳、益胃健脾的功能，是梅州传统的清热去湿汤水。

3. 五叶神：又名绞股蓝，可煲汤或直接泡茶饮用。神奇之处在于既能降低烟气中有害物质，又能与烟草香味相协调，特别适合吸烟人士和经常下厨的女士，具有滋补强身、消除疲劳、降脂降压、防癌抗癌、延年益寿等功效。

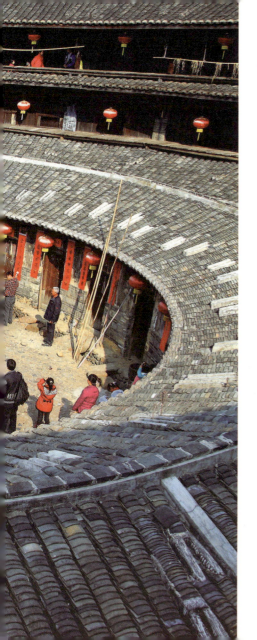

奔赴一场4个长寿乡掌勺的客家长寿宴

"来，来，来，让一让，上肉丸汤啦，圆圆满满美美幸福！"在客家人的喜宴上，肉丸是少不了的一道重头菜，这道菜以鱼肉、猪肉两圆混合上席，成双成对，有年年有余（鱼）的吉兆。

"来啦来啦，香喷喷的盐焗鸡上桌咯！"远远的，早已香味扑鼻，一声起筷，满桌尽舞，送香一片天。浓情蜜意中，轻斟一杯客家娘酒，酒杯里轻波荡漾，波中衬映出祥和，衬映出安逸，衬映出客家围龙人从先祖以来一直延续至今的怀念。

民以食为天。梅州的好山好水好食材，孕育出了"世界长寿乡"蕉岭和"中国长寿乡"梅县、大埔、丰顺，也造就了一桌色靓香浓意更浓的客家长寿宴。

大埔是中国最美小山城，也是"广东十大传统美食之乡"。在这里，长期保留着薄饼、笋粄、珍珠粄、忆子粄、药根鸡等特色小吃200多种，繁多的品种、独特的风味，也让大埔成为"中国小吃名县"，其中花生、金针菜、腐竹、茶叶、蜜柚、大埔娘酒、豆腐干、蜂蜜、农家大米、矿泉水等被评为"十大长寿食品"。

在蕉岭，也有"十大长寿食品"——灵芝、蜂蜜、冬笋、红菇、绿茶、金橘、淮山、豆干、葛粉、竹稻米，这些长寿美食让人乐不思蜀；富硒水土、有机栽培，产出的农产品延年益寿。蕉岭所产的大米、蔬菜、水果等富硒农产品，获得多项国家认证，成为蕉岭人健康长寿的秘方。

丰顺特色美食种类繁多，是"吃货"们的胜地。留隍云片糕、黄金姜糖、汤南面线、仙洞米粉、汤坑咸菜、油炸豆腐、薯粄、汤南菜脯、碗子粄、汤坑炒粄、黄金粄条、汤坑牛肉丸等，它们还被丰顺县列入非物质文化遗产保护项目。马山茶、八乡山绿茶、高山茶油等多种绿色产品也深受当地人和游客的喜爱。此外，埔寨牛肉的鲜、嫩、脆吸引了许多外来食客，掀起了品尝新鲜牛肉的潮流。

来到梅州，如果不品尝下梅州金柚，就相当于没到过梅州。品金柚，不妨到梅县。梅县金柚果肉营养丰富，维生素含量奇高，最适于高血压、心血管疾病和肥胖病者食用，先后被授予"岭南十大佳果""广东十件宝"和"广东五大名果"等称号。此外，产于当地、土法制作的有机茶也是优质生态产品、养生食品，在日常生活中，茶叶是客家人保健的良方。

到梅州来，吃长寿食品，喝长寿山泉水，品长寿文化，吸长寿空气……在世界和中国的长寿之乡，与陶渊明笔下的"桃花源"邂逅，恍惚间"复得返自然"，不亦乐乎！亲，你动心了吗？

梅州城区小吃名店推荐

　　每到一个陌生的地方，我们总会发现一些角落里的小店人满为患，弥漫的香味让你也加入他们的队伍。这时你就会很好奇：咦，看了那么多攻略，为什么没有看到这家呢？哈哈，今天，小编决定把独家珍藏的"最美食"——15家梅州城区小吃名店和美食街一览表贡献出来了！赶紧收藏，记得点赞噢！

小吃名店系列：

1. 中山街侯记炒粉：炒粉炒面香到爆。
2. 宽婉医院旁德记鱼汤：鱼头煮粉非常鲜。
3. 江北老街元成路尚记旁巷子荣记汤圆：没吃过请泪奔。
4. 市公安局附近海石花：椰奶花生、炒田螺……老品牌，值得信赖。
5. 西桥市场和程江桥之间海鲜夜排挡：便宜到难以想象。
6. 燕龙、汉兴炖品：炖汤"一级棒"。
7. 勤力苑市场烧卖：梅州最出名的烧卖，皮比较干，笋很香。
8. 梅江桥底下老火汤腌面以及炖品：价格适中而且味道好，超多回头客。
9. 仲元路邮局旁凤记煲仔饭：梅城开了最久的煲仔饭，环境卫生，饭很香。
10. 虹桥头的大埔笋粄和手工面：很正宗的笋粄，手工面放碎肉、青菜以及猪油，味道超级棒。
11. 三板桥路末段的顶好包点：广式包子，包子很松软，馅非常香，天天都排队购买，生意非常好。
12. 江北非常小食：推荐竹筒饭，田鸡竹筒饭最香最滑最好吃。
13. 金山小学的牛杂：最老牌的牛杂集中地。
14. 马石下中国银行附近的炒面：店面很不起眼，但是面很香很劲道，梅城老饕的推荐。
15. 西桥圆盘苹果家私门口晚上10点才出摊的牛腩煮粉：要老伯伯推出来的那一家，萝卜超入味。

美食街系列：

1. **客都汇商业文化广场**：坐落于梅江河畔，毗邻归读公园，地处江南路与梅水路交会处，是梅州首家大型单体纯商业综合体、地标型购物中心。

2. **梅县美食街**：位于东山中学梅县新城分校后，充满客家风情的四百多米街道，麻辣烫、客家小炒、腌面、全猪汤、猪肚煲鸡、奶茶、甜点、火锅、生蚝、炒田螺……无论是传统客家小吃，还是各地美味，各种美食应有尽有。

3. **江北老街**：坐落于梅城江北梅江桥旁侧，处处展现着梅州发展的历史痕迹。古色古香的骑楼"站"满了整条街道，老街虽老，却仍商铺林立，有各种各样韵味十足的百年老字号。

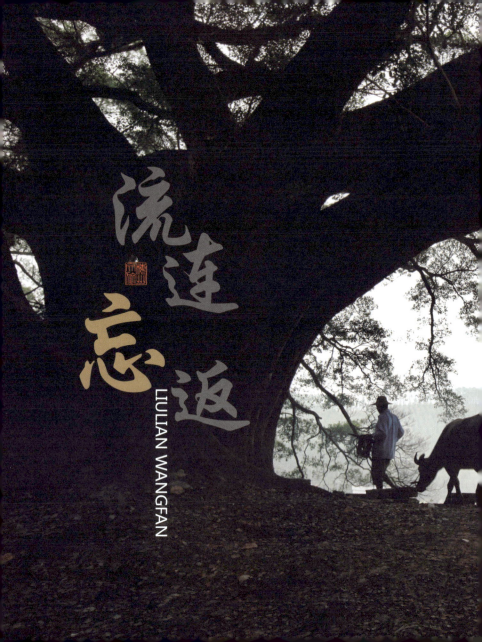

流连忘返

LIULIAN WANGFAN

什么？今晚住在学校里？

　　怀旧既是一种情感，也是一种记忆。曾几何时，唱着《童年》盼望着长大的我们已经步入社会，你是否怀念同桌"沈佳宜"，是否想念上铺的兄弟；你是否还记得上课时传的小纸条，放学后玩的小霸王和丢沙包？若是你开始怀念这些，梅州特色酒店带你穿越回那青涩的年代！

　　在雁洋镇大坪村，有一间由闲置小学改造的校园主题酒店——同学汇，环境优美，而且干净整洁，风格非常小清新。酒店不仅有以班级命名的标间，还有北方炕式和双层床的大通铺，人们可以选择住以当年的班级命名的房间，也可以住大通铺开"卧谈会"，八一八当年的李雷和韩梅梅，听着张学友的《她来听我的演唱会》，诉说着一代人的情感变迁和岁月故事。放下行李之后，各种活动绝对让你闲不下来，躺在榕树下的吊床上，丢沙包、打篮球、乒乓球、绿道骑游、拍

美照，同学汇的氛围真是热闹极了，要是不过瘾，还可以去雁南飞、桥溪古韵、雁鸣湖、灵光寺等景区观光，观光回来、酒足饭饱之后玩各种桌游，还有小霸王游戏机噢，真的是童年记忆。

在著名景点雁南飞山脚下，还有一座同样由闲置小学改造的艺术与拓展（长教）基地，这里风光秀丽，环境更为幽静，基地前身的长教学校更是按照五星级学校打造，基地在保持建筑原貌的基础上改造，不仅功能齐全，更具有创意特色，改造后的长教学校拥有138个床位及师生餐厅、阅览室、会议室，可满足写生师生住宿、写生作品展览、艺术创作交流、创作写生授课、素质拓展、国学教育、礼仪培训、小型会议、游客住宿等综合需求。

若是你想回归自然，体验"采菊东篱下，悠然见南山"的乡村生活，住在梅州特色民居农家乐，吃农家饭、干农家活、体验农趣，感受乡村生活的淳朴之美、宁静之美，不失为一个很好的选择。

融合了围龙屋建筑元素的建筑、屋前半月形池塘宏伟壮观、宛如飞龙在天的百年南洋杉、名贵红木家具和精致古瓷壁画……这是兴宁市新陂镇上长岭村特色古民居慈恩庐。慈恩庐由法国著名设计

师设计，整体装饰综合运用中西绘画雕刻艺术。洋楼式建筑配以红柱青瓦白墙和海蓝色的门窗，不仅呈现出中西合璧的风格，还融入了军政文化的元素。在大楼内外，古树众多，50年以上的大树就有20多棵。门坪上的百年南洋杉，遒劲有力，奇特无比。登上慈恩庐楼顶，清风徐来；极目远眺，但见苍翠的缓坡、大片碧绿的稻田，令人顿感心旷神怡！

小贴士：

同学汇国际青年旅舍
电话：0753-2181218

梅州艺术创作与素质拓展（长教）基地
电话：0753-2686212

慈恩庐乡村艺术酒店
电话：0753-3889888

深陷泥潭，无法自拔的享受

　　爱美的妹子们，你们还在羡慕白富美们泡牛奶浴吗？快来五华做个全身火山泥浴吧！各位汉子们，你们有多久没有玩过泥巴，在泥巴堆里打仗了呢？既可带着妹子们泡泥浴，又可以彻底释放天性玩泥巴，还等什么呢，快来五华热矿泥山庄吧！

　　五华热矿泥山庄的汤湖泥是远古的"地心来客"，是火山喷发的溶岩在断裂地带被消解了炽热，来到湖底时已经变得温柔如泥，热矿泥的pH值在7.26～8.45，呈弱碱性。这黑乎乎的泥巴，对治疗风湿、类风湿、关节炎、肩周炎、神经痛和骨折后遗症等60余种疾病都有一定疗效，并对健体强身、减肥美容具有独特的辅助作用。

"热矿泥浴保健兴，温泉泡过一身新。体轻脚快精神爽，夜夜好睡不忘情。"一首美妙的客家旅游山歌，撩起了多少游人对五华汤湖热矿泥的向往。走进山庄，葱郁的树木掩映之间，一排俄罗斯风格木屋别墅伫立岸边，欧洲风情扑面而来。山庄里随处可见大小不一的池，微风轻拂，还可以闻到荷叶的清香。沿汤湖设有华清宫、神泥宫、长乐宫、台湾宫、长寿宫等五个温泉泥宫，而占地面积最大的华清宫犹如一座宏大的客家围龙屋。

　　戴好浴帽后，轻轻地坐、躺在泥塘中，因为矿泥比较重，浮力大，不用担心会沉下去，虽然一开始会觉得有点烫，但很快就适应了，感觉全身毛孔舒张，一股热流传遍全身。富有弹力的热矿泥，质感就如冬天里的芝麻糊一样，软软、绵绵、沙沙、热热的，让人从心里开始暖起来，舒服得好像躺在云朵里。小朋友们更是玩得如鱼得水，一会儿玩泥浴拔河，一会儿滚在泥巴堆里打仗，真是如泥鳅钻进了泥潭，不亦乐乎。

洗过泥浴，用温泉水冲净身上泥巴，就像脱胎换骨一样，皮肤摸起来滑滑的，效果胜过一堆护肤品，此时用小包盐冲泡一杯水喝下去解困。走出矿泥池，登上台阶，到了温泉瀑布区，见到瀑布从20多米高的山上飞泻而下，坐在台阶上，享受数米高的温泉水砸在背上，好似一个技术娴熟的按摩师在服务。温泉水浮力大，坐在浅浅的池底，两条腿自然地浮在水面，实在放松。

小贴士：

门票：98元（含泥浴、温泉、瀑布、游泳）。

可以自带泳衣泳裤，也可以在售票处购买，泳衣一件30元，泳裤有10元和15元两种。

我有料，泡我呀！

"春寒赐浴华清池，温泉水滑洗凝脂。"丰顺是广东著名的温泉之乡，自然形成的温泉多达24处，串珠般的温泉分布，一脉相承，素有有"九汤十八寨"之称。丰顺温泉不仅流量大，水温高，且水质好，被誉为"医疗温泉"的氡含量最高达每升669.7贝可。丰顺当地人称泡温泉为"洗汤"，民间流传着这样的顺口溜"要健康，多洗'汤'，要长寿，请来丰顺住！"

丰顺"九汤"中最负盛名的为"汤坑温泉"。汤坑温泉历史悠久，于明朝万历年间，由吏部员外郎罗万杰和温州推官柯化鹏两位丰顺乡贤筹资兴建。吏部员外郎相当于现代中央组织部的官员，推官相当于现在地方中级人民法院院长兼审计局局长，这两个官员要回报家乡，为什么舍弃修桥铺路建学校，而偏偏建一个温泉公共浴池呢？当我看到壁上刻的"澡身浴德"四字时，我恍然大悟，这不就是古代版的"洗洗澡，治治病"嘛，跨越400多年，明代的中组部和法院审计部门与现代廉洁修身的思想居然不谋而合，以温泉洗浴告诫世人要反躬自省，修身养德。

丰顺的温泉酒店、温泉小栈比较多，以五星级宝丰温泉酒家、四星级千江温泉酒店为龙头的温泉宾馆酒家有10多家，其中千江温泉酒店开发较早、规模宏大，宝丰温泉酒家主打商务休闲，金德宝温泉酒店充满巴厘岛风情别具一格，若是你想无拘无束地独享这份温暖，还可以躺在酒店房间的浴缸里，泡着温泉、浅酌一杯红酒、观赏落地玻璃窗外的一轮明月，惬意无比；要是你去探访留隍、丰良等古镇，还可以去以鹿湖温泉度假村、金日温泉度假村为龙头的温泉疗养休闲大型会所消除一天的疲劳；此外，在汤坑镇还有数不尽的充满野趣的乡村温泉农家乐。

　　丰顺不仅是温泉之城，还是"吃货"的天堂。作为客潮文化交融区，汤坑镇融合了两种文化特色的美食，既保留了客家饮食充满乡土味道和实用的风格，又带有潮菜食材讲究、烹调方式多样的影子。温泉周边的汤湖路、布街、米街等老街道慢慢演变成为汤坑美食的集中地，捆粄、油炸薯粉豆干、菜粄、牛杂粿条汤、汤坑特色煲粥……吸引了无数外来游客和当地人前来解馋。

　　还等什么，快来丰顺泡温泉吧！

小贴士：
梅州城区去丰顺可到江南汽车站搭乘客车，全程高速，约1个半小时。

就这样醉倒在茶香中

　　在鸟儿的鸣唱中醒来，被雁南飞清新的空气所诱惑，步入阳台，一片片绿油油的茶园，在树木的簇拥下，在鲜花的摇曳下，舒展开来，漫下山坡、漫向山谷。山下的长教新村，连片的红顶房子，犹如一弯天上红月缀在茶园，又如一簇火焰在满目的绿色之中跳动，瞬间引燃沉寂的心灵，让人迫不及待地想走进那浓浓的绿色中。

漫步在林间小道上，呼吸着饱含茶园芬芳的空气，远处梯田上的环环茶带，宛如翡翠的项链，近处的枝头叶尖上雨滴乍现，毫不掩饰它的青翠欲滴。听说，雁南飞的茶青和黄山一样，只因工艺不同，被做成了两样的茶叶，黄山叫"毛峰"，这里则称"单丛"，雁南飞用茶叶诠释了西洋哲人的名言：世界上没有两片相同的树叶。

青垄上姹紫嫣红的花儿，随意地点缀着，以芬芳代替了大自然的语言。茶花、凤凰花、秋海棠、紫荆花、异木棉，这里有着四季不落之花，无需感叹"无可奈何花落去"。

畅游于雁南飞，或见曲径通幽、峰回路转，或是步移景易、变幻无穷，俊逸的竹林、古朴的巨榕、秀美的溪水组成了丰富多彩的景致，就连似不经意散落在树丛边、草地上、亭台旁的大石头，都平添了许多诗情和画意，不知不觉这亭、这花、这石、这草已浑然一体，随意而别致，写意，温暖。

走得累了，便拐到仙茶阁，那是游人歇脚品茶的好去处。原生态的竹木装饰古朴雅致：竹屋、竹门、竹窗、竹桌、竹椅……满室竹香，临窗倚竹，远眺千亩茶园，随着茶艺小姐优雅的兰花指，热水与茶叶在紫砂壶里邂逅，澄澈的茶水冲入茶杯，悠长的香气安抚了急躁的心灵，细细感悟俭、清、和、静的处世哲学。

　　轻步走出仙茶阁，头顶红云如染，脚下清香满园。当围龙大酒店抹上最后一缕红霞，夕阳慢慢消失在远山时，经典而古朴的围龙食府亮起富有古意的红灯笼，品尝着茶田炖鸡、茶香包、客家娘酒等农家特色菜肴，满足着味蕾的同时，观赏着客家文化风情歌舞，带来视、听、闻、味等全方位的享受。

环顾四周，这些沉醉的客人，或携老扶幼，或情侣结伴，或故地重游，他们脸上一片悠然自得，我不由得想，如果家在这里就好了，那就可以认真地品味雁南飞，洗去繁华喧嚣，坐享空灵、宁静、平和。

小贴士：

门票：80元。

从市区乘坐17路公交车可抵达景区，景区内可免费饮茶并欣赏茶艺表演，用餐时花20元可看客家特色表演。

在湖边数星星

　　现代人生活在一个速度至上的时代，婚姻速配、英语速记、食品速冻……我们有多久没有沉下心来读一本书，有多久没有为家人准备一顿丰盛的晚餐，又有多久没有躺下来仰望星空？其实，在我们每一个人内心深处，都曾描绘过一处属于自己心的世外桃源，在这里，风轻云淡，鸟语花香，青山绿水……雁鸣湖就是这样一个让你忘却烦恼，像儿时那样数星星的世外桃源。

　　著名旅游作家武旭峰道：我说雁鸣湖的生态环境好，雅时，我引用杜甫的诗句"两个黄鹂鸣翠柳"，"隔空黄鹂空好音"；俗时，我就戏称它"天屎路""禽粪路"，是一个鸟敢于拉屎的地方。

　　雁鸣湖没有名山大川，没有奇山异水，但她用20年，开发了一个3000亩的大农场，种瓜果蔬菜、建运动场所，这里远离工业污染，只有一望无垠的青山绿水。在农场里，一年四季瓜果飘香：3月枇杷，4月杨桃，5月杨梅，一直到11月份金柚飘香，从不间断，这些瓜果，全部达到国家有机标准，在吃到一份健康的同时，还可参与采摘乐趣，感受丰收喜悦。

许多人来雁鸣湖，玩一玩划草、高尔夫，弯弯腰摘摘菜，吃一吃药膳农家菜，调养身体，休闲养生。这里养殖的猪是山地里奔跑的猪，鸡是树林里觅食的鸡，菜是山沟里生长的菜。再加上客家美食的几百年烹饪技艺完美传承，使雁鸣湖美食如此原汁原味，客味十足。借助景区千亩南药基地地道药材，与现代养生文明的有机结合，推出的养生菜肴，经过10年的不断实践与提升，赢得了极佳的口碑，更是雁鸣湖美食的亮点。

雁鸣湖立体式的湖泊水域，是激发负离子最好的地形，还拥有过滤空气最好的植物清道夫山玉桂（又名阴香树），十几年前已经种植百万株。2010年，经国家环保部监测中心长时间严格监测，雁鸣湖空气达到国家顶级标准，空气纯净度华南景区最高。住在雁鸣湖，夜晚满天星斗，清风习习，万籁俱寂中，有些许蛙声虫鸣，再加上房前屋后，漫山遍野的桂花香……这是一个怎样的山村夜晚，你该拥着怎样的美梦入眠？

小贴士：

门票：50元。每年雁鸣湖都举行迟菜心节、柚花飘香节、杨梅节等，颇受欢迎。

在山湖间当一回高富帅

　　梅州麓湖山国际高尔夫球会位于著名侨乡风景秀丽的梅州梅县南口镇，是梅州首家国际锦标赛级标准的高尔夫赛场，是中国目前落差最大、最具挑战、最具特色的山地高尔夫球场之一。球场占地100多公顷，由马来西亚著名的高尔夫球场设计师、造型师设计与造型，按国际锦标赛级标准精心打造。球场球道全长7312码（约合6686米）、72标准杆。整个球场充分利用地势精心布局、独具匠心、造型完美。球道、水域、沙坑自然形成，既可饱览山色美景，又充满趣味性和挑战性。

　　看到这里，不少人望而兴叹，以为这么高大上的地方，应该是"高富帅"们谈生意、度个假、约美女的地方，那你们就错了，到麓湖山打高尔夫只要600元起，你没看错，只要600元，不用再羡慕嫉妒恨了，你也能在山湖间挥杆，到梅州麓湖山当一回"高富帅"！

在20多座丘陵和9个大小库湖组成的麓湖山间，高尔夫球场是最亮丽的风景线。麓湖山高尔夫球场结合地貌顺山而建，球道、水域、沙坑自然而成，山光水色与起伏舒缓的球场完美结合在一起，跌宕起伏的丘陵地势，成就了麓湖山球场的独特魅力。外号"仙人洞"的4号洞，是麓湖山高尔夫球场最为闻名遐迩的球道：从黑T发球台至球道的落差达到了110码（约合100米），是目前世界落差最大的高尔夫球道。另外，16号洞以其跨越山谷与树林之间、拐点若隐若现的高难特点，被称为"魔鬼洞""丢球洞""心理洞"，是竞技者最推崇、最乐于挑战的，令人望"球"兴叹。

在天然的山地高尔夫球场体验休闲时尚运动，真可谓是一个惬意的选择。球场就像一颗碧玉镶嵌在文化产业园，与山丘果园森林巧妙地融为一体。天高云淡，在山环水绕跌宕起伏中挥杆踏翠，饱览美丽的湖光山色，尽享高尔夫的乐趣和挑战，还能感悟登高望远、踏茵挥杆的舒畅豪迈。

小贴士：

市区9路公交车可抵达景区门口，山下还有著名的"中国古村落"侨乡村。

门票：60元。

景区内引种了1000多株红杏，每到早春二月，红杏便会怒放枝头，吸引人们前来观赏。

梅州星级酒店及特色酒店

梅州市星级饭店一览表

序号	单位名称	星级	地址	邮编	总台电话
1	客天下国际大酒店	5	梅江区东升村	514021	0753-2118888
2	金沙湾国际大酒店	5	梅州市沿江西路	514021	0753-8668888
3	千江温泉酒店	4	丰顺县城金河桥旁	514300	0753-6688888
4	金雁富源大酒店	4	梅州市丽都西路	514021	0753-8667788
5	瑞锦酒店	4	大埔县内环西路龙山2街	514200	0753-5185688
6	鸿都酒店	4	兴宁市宁江路8号	514500	0753-8682222
7	金德宝国际酒店	4	梅州市广梅中路107号	514031	0753-8588888
8	友谊宾馆	3	梅州市彬芳大道52号	514021	0753-2193888
9	金帆大酒店	3	大埔县城文明路138号	514200	0753-5533523
10	客都大酒店	3	梅州市丽都西路	514021	0753-2190288
11	柏丽酒店	3	梅县华侨城宪梓大道	514031	0753-2500888
12	风度温泉大酒店	3	丰顺县城汤坑镇东山路1号	514300	0753-6666666
13	田园大酒店	3	梅州市江南路35号	514021	0753-2163888
14	迎宾楼大酒店	3	五华县城华兴中路13号	514400	0753-4430833
15	兴宁金叶大酒店	3	兴宁市205国道文锋路口	514500	0753-3181168
16	长潭旅游度假村	3	蕉岭长潭大道2-3号	514185	0753-7513288
17	逢源温泉酒店	3	丰顺县城汤坑镇汤坑路49号	514300	0753-6696299
18	平远迎宾馆	3	平远县羊子甸街31号	514600	0753-8824278
19	交通大酒店	3	大埔县义招路交通大厦	514200	0753-5186888
20	天地人宾馆	3	梅县大新城盘古步行街1A	514700	0753-2566666
21	梅花湾酒店	3	梅州市江南新中东路6号	514021	0753-2111111
22	华侨大酒店	3	兴宁市兴华路31号	514500	0753-3311138
23	金日温泉度假村	3	丰顺县丰良镇	514300	0753-6222222
24	名杨村大酒店	3	梅县丙村S223线中段	514762	0753-2836666
25	远南大酒店	3	平远县平城中路49号	514600	0753-8333888
26	天秀酒店	3	梅县新城天秀新村	514000	0753-2561888
27	花园大酒店	3	大埔县高陂镇镇政府对面	514200	0753-5818888
28	蕉岭县鸿华酒店	3	蕉岭县桂岭大道中289号	514100	0753-7799999

序号	单位名称	星级	地址	邮编	总台电话
29	慈恩庐乡村艺术酒店	3	兴宁市新陂镇上长岭村	514500	0753-3889888
30	福源酒店	3	梅县新县城宪梓中路华景美都	514000	0753-8586988
31	太平洋酒店	3	梅州市彬梓大道88号	514021	0753-2189999
32	梅县锦发大酒店	3	梅县丙村镇交通街	514762	0753-2851999
33	港兴宾馆	2	兴宁市宁江路港兴巷1号	514500	0753-3333335
34	桂岭宾馆	2	蕉岭县城北街7号	514100	0753-7872874
35	嘉运宾馆	2	梅州市嘉应中路(西桥公园侧)	514021	0753-2180988
36	新世纪大酒店	2	五华县城华侨直街149号	514400	0753-4432638
37	鸿华酒店	2	梅州市江南嘉应中路13号	514021	0753-2255333
38	龙华宾馆	2	梅县大新城新地街19号	514100	0753-2585898
39	桃源酒店	2	梅县华侨城宪梓大道(文化城)	514100	0753-2530268
40	新南大厦	2	梅州市彬芳大道41号	514021	0753-2242489
41	金良宾馆	2	梅州市梅州大道29号	514011	0753-6128666
42	金华大酒店	2	梅州市彬芳大道中	514021	0753-2302888
总计：5星级2家，4星级5家，3星级25家，2星级10家					

在评或待评星级饭店一览表

序号	单位名称	星级	地址	总台电话
1	宝丰温泉大酒店	5	丰顺县新城区金河大道	0753-6188888
2	平远富港酒店	5	平远优山美地	0753-8118888
3	联康威尔思国际酒店	5	兴宁兴城会展中心旁	0753-3288888
4	皇家名典酒店	5	梅江区东门塘	0753-2222238
5	昌盛豪生大酒店	5	梅县区府前大道8号	0753-8666666
6	五华国际大酒店	5	五华县城	0753-8116888
7	兴发大酒店	4	梅州市彬芳大道南末段	0753-2198888
8	联邦酒店	3	梅州市东山大桥侧	0753-2399888
9	华丰新酒店	3	梅县机场路	0753-2303888
10	银星大酒店	3	梅州市华南大道剑英公园斜对面	0753-2292888
11	鸿源生态温泉度假酒店	3	兴宁市坭陂镇合湖村	0753-3738888

序号	单位名称	星级	地址	总台电话
12	大埔鸿华大酒店	3	大埔县新城路88号保鸿大厦	0753-5535678
13	云景大酒店	3	丰顺县留隍镇	0753-6416888

主要接待酒店一览表

序号	单位名称	地　　址	总台电话
1	雁南飞围龙大酒店	梅县雁洋镇长教村	0753-2828888
2	雁鸣湖银湖宾馆	梅县雁洋镇南福村	0753-2830886
3	灵光寺吉祥天大酒店	梅县雁洋镇阴那村	0753-2827805
4	梅州迎宾馆	梅州市沿江西路	0753-2190668
5	金叶国际大酒店	梅江区嘉应路	0753-2153956
6	华美达酒店	梅州市彬芳大道南	0753-6113888
7	五华华侨酒店	五华县华兴中路136号	0753-4188888
8	维也纳酒店	梅江区三角地圆盘边	0753-6133338

意
犹
未
尽

YIYOU WEIJIN

我能想到最浪漫的事……

"我能想到最浪漫的事，就是和你一起慢慢变老。"赵咏华的一首《最浪漫的事》是这个世上最浪漫的情书，因为白头偕老的人实在不多，而在梅州蕉岭一个小村庄里居然有70多对金婚老人，着实让人惊羡不已。

在蕉岭县蓝坊镇石湖村，金婚夫妇74对，其中翡翠婚（55年）夫妻1对，钻石婚夫妻（60年）15对，真是名副其实的爱情村、长寿村啊！为何这个小小的村落有如此之多的长寿夫妻呢？国际自然医学会会长森下敬一说："良好的生态环境、独特而优的人文、高气能的食物以及政府对民生、老龄事业的重视带来的社会和谐，孕育了当地的长寿。"

"采菊东篱下，悠然见南山"，寄托了在自然美景中健身休闲养生的情怀。蕉岭县是中国林业生态最好的县之一，全县森林覆盖率达79.34%，空气中负氧离子含量丰富，每立方厘米3000～8000个，有的地方每立方厘米50000个以上，是名副其实的天然"大氧吧"。

蕉岭的水土都富含被誉为"长寿元素"的硒元素，通过有机栽培，生产出健康环保的大米、花生、竹笋、甘薯、淮山、茶叶、蜂蜜、葛根、金橘、五彩豆等富硒食品，加上均衡饮食、起居按时的规律生活，成为蕉岭人健康长寿的秘方。

金婚夫妻之所以能携手一生，更重要的是包容感恩。村中89岁的退休教师张成琪和88岁的妻子是一对钻石婚夫妻，他们于1947年结婚，至今有68年。据张成琪家人介绍，老两口一直很恩爱，身体好，平时还能帮忙干些煮饭、扫地等轻微的家务活。"空气好，生活环境好，有所依，有所乐，心情愉快，自然身体好。"张成琪说。当石湖村的其他金婚老人谈到相爱相敬一生最重要的相处之道时，有的说"互相忍让，苦也一起挨，乐也一起享，不知不觉就走过来了"，也有的说"家里有什么大事难事，还好有他"。每一句言语都那么朴素平淡，简单得不得了，可是却体现了美满婚姻的真谛：懂得感恩、忍让、尊重和责任。而这些简单的道理，能用一辈子来践行，才真正不易。

"我能想到最浪漫的事，就是和你一起慢慢变老。直到我们老得哪儿也去不了，你还依然把我当成手心里的宝"，在蕉岭，呼吸着清新的空气，过着琴瑟和鸣的生活，和你一起慢慢变老。

不来梅州不知道结婚太早

　　时下的年轻人，都喜欢浪漫、刺激甚至疯狂。总想在平淡的生活中添点色调，多点情趣。每年的"520"，大家都会在想，我要送"我家亲爱的"什么呢？红玫瑰，烛光晚餐？不，送上两张旅行券，你一张我一张，你的一路上有我相伴。

　　平日里忙碌的你，总是紧绷着神经。拿着这份旅行券，让我们携手走在路上，放慢脚步、放松心情、放飞梦想。亚龙湾、鼓浪屿、情人岛这些人头攒动的景点，也许早已不再让人心动。这一次，我要带你去那个神往已久的地方——梅州客天下，走进国际婚庆殿堂，重温那多年的山盟海誓。

在客天下，远眺那耸立于半山腰的欧洲风情建筑——空中殿堂·幸福里九号婚礼教堂，之所以有这样一个命名，就是要让天下有情人恩恩爱爱，长长久久。此外，还有 I LOVE YOU（我爱你）广场、天使喷泉、丘比之门等浪漫景点，置身其中，彷如到了异国他乡，到处充满惊喜。岁月虽短，爱却绵长。我们的爱也正如这神圣的婚庆殿堂一样，高贵、圣洁，不可侵犯。我这一生必须要做的一件事情，便是爱你，直到老去。

你笑着说，不来梅州不知道结婚太早。我于是拉着你的小手，来到客家小镇，让你亲身体验一次隆重的客家婚俗。坐上大花轿子，浩浩荡荡的迎亲队伍，响彻小镇的喜庆乐章，还有围观送祝福的游客……顿时让你泪流满面，我知道，那是幸福的泪花。

这世界，还是梦里客家的圣殿。我想带你去看古朴的围龙屋，体验熙攘的赶圩民俗，感受客家人淳朴又热情的吆喝。我想带你去品尝客家美食，在香醇的客家娘酒中看你微红的脸颊，在阿婆茶叶蛋的纹路中倾听这流传千年的传奇故事。我想带你从客家赋、百米大型客家迁徙图、客家墟日图以及客家记忆泥塑长廊一路走过，见证客家人魂牵梦萦的历史足迹……

的确，客天下幸福天下客。在这里，你会觉得时光无比美好。我们会在一间安静的木屋住下，不被打扰，在鸟鸣声中醒来，推开窗，便闻树叶和蔷薇的清香。早餐过后，在阳光温暖的抚摸里，踏青或光脚奔跑。累了，我们就躺在绿草的清凉中，看天空湛蓝。入夜，数繁星点点。此时，风景不在远方，就在身旁。这样的浪漫，一定让你毕生难忘。你那些美丽的瞬间，也将永远定格在我的心中。

小贴士：

市内从梅县机场到客天下景区一般坐出租车，从火车站到客天下景区可以坐出租车或者4路公交车。

市外自驾车线路：

1. 广州—广惠高速—惠河高速—河梅高速—城区/城南出口—世界客都大道—梅州火车站—客天下景区。

2. 深圳—深惠高速—惠河高速—河梅高速—城区/城南出口—世界客都大道—梅州火车站—客天下景区。

3. 汕头—汕梅高速—城区/城南出口—世界客都大道—梅州火车站—客天下景区。

297

这些年，
梅州已经把他们宠坏了！

不管是从哪里来的，只需住上几个月，便会习惯这里，迷上这种慢生活的气息，梅州这片土地已经把生活在这里的人们宠坏。

梅州的休闲设施已经把他们宠坏了……

在梅州恋爱，带你的他去归读公园、雁鸣湖、客天下婚庆广场，这里坐坐那里散散步，再也不想去别处约会。

梅州的情调已经把他们宠坏了……

在梅州，夏天街道旁惬意摇曳着葵扇的老人家，慵懒走路的猫咪，亲切交谈的人们，抬头就能看到星星。你看到的是人们对生活的最初理解，这样的生活，离开了不知道去哪里找。

梅州的美食已经把他们宠坏了……

你肯定听你的外地亲戚说过梅州的腌面好吃，梅州的盐焗鸡好香，得天独厚的地理环境让梅州这个小城拥有多种特有的美味佳肴。

梅州的客家妹子已经把他们宠坏了……

南方有佳人，世界有客家妹，接触了梅州的养眼的妹子，再看其她女孩，眼光总是变得格外挑剔。

梅州的交通已经把他们宠坏了……

　　广州这种一线大城市，人们每天不是挤公交就是
挤地铁。而梅州四通八达，有着令人满意的路况。

梅州的经济发展把他们宠坏了……

　　梅州的消费水平没有一线城市那么惊心动魄，但
是物质条件跟一线城市旗鼓相当，越来越多的大型商
场，比如万达，东汇城，客都汇，万象汇……一大拨
综合体都来了，越来越多的优质房地产商前来投资。

梅州的淳朴已经把他们宠坏了……

客家人热情好客，慷慨大方，就像从小玩到大的哥们，永远会惦念着你，即便离开了，你也还是想回来。

梅州的慢生活已经把他们宠坏了……

休闲到梅州，享受慢生活，这是一个适合发呆打盹的城市，不紧不慢的生活节奏，让人有足够的时间发呆、小憩、闲游。

梅州的真实已经把他们宠坏了……

在大城市会感觉不到自己的存在，像一颗小螺丝钉。在梅州只要你勤勤恳恳脚踏实地地工作，总能找到自己生活的意义。

所以，梅州已经把他们宠坏了。

曾有人说："因为无所依靠，所以必须坚强。"这世上所有的简单纯真，都是因为有人宠爱。要是可以，我会选择永远被梅州宠爱！

梅州偷走了我的心

　　有人说过，第一次来梅州的人会喜欢上梅州，第二次来梅州的人会爱上梅州，第三次来梅州的人就想扎根梅州。这些年又有多少人的心留在了梅州，就让我们来听听他们对梅州的爱情宣言吧！

1. 蔡佩晃 Susi Susanti　（印度尼西亚）

　　　梅州是个"小偷"，偷偷地偷走了我的心
　　　梅州是个"强盗"，抢走了我所有的烦恼
　　　梅州是个"好人"，陪着我在大自然慢跑
　　　梅州是个"天使"，让我看到世界的美好

　　Meizhou adalah seorang pencuri yang telah mencuri hatiku.
　　Meizhou adalah seorang penjambret yang telah menjambret seluruh kegelisahan dan kekhawatiranku.
　　Meizhou adalah seorang yang baik yang telah menemaniku berlari di alam bebas.
　　Meizhou adalah seorang malaikat yang membuat saya merasakan betapa indahnya alam semesta.

2. 林明慈 SUSI（印度尼西亚）

　　　梅州文化之旅感言
　　　（印尼诗——班顿）

Kota Lambat Meizhou Yanyang	梅州雁洋慢城市
Sekali berkunjung tak ingin pulang	初到此处竟忘返
Rasa enak serba lamban	舒适并感慢慢慢
Pengalaman tour yang penuh kesan	印象满满旅游感

3. 陈爱慧（泰国）

梅州之游，欣赏风景，空气新鲜，客家文化是令我难忘的旅游回忆。

การท่องเที่ยวเหมยโจวคราวนี้　ได้ชื่นชมวิวทิวทัศน์　อากาศบริสุทธิ์ วัฒนธรรมจีนแคะ　ยากจะลืมความทรงจำของการท่องเที่ยวทริปนี้

4. 张思濛NAVARAT PONGPANIT（泰国）

梅州，这座城市好安静。
เหมยโจว　เมืองนี้สงบนัก
梅州让我身心都停下来在这里休息。
เหมยโจวทำให้ฉันได้หยุดพักทั้งใจและกาย

5. 黄丽（韩国）

回忆梅州　　　　　매주를 기억하며

梅香隐岭南，　　　매화향기 영남에 숨어들고,
清意现烟岚。　　　맑은 뜻 안개 속에 드러나네.
一口茶情淡，　　　한 모금 차의 마음 담백한데,
当时未易谈。　　　당시엔 그 맛 말로하기 쉽지 않았네.

6. 尤丽亚Юлия（俄罗斯）

梅州的风景太美，本地人又好客又善良。

Надеюсь еще будет возможность вернуться сюда и насладиться необычайной красотой этого места.

7. 罗曼 Romina Mata（墨西哥）

你好！
我在梅州度过的时光，就是很难忘。谢谢给我这些甜蜜的回忆。
以后我还想再去，想创造更多美好的回忆。

Hola!
El tiempo que pasé en Meizhou es inolvidable
Gracias por todos los hermosos recuerdos,
En el futuro quiero regresar y crear muchos más.

8. 牧絵莉香（日本）

梅州丰富的自然，人们的笑脸、文化，给我留下了很深刻的印象。我们度过了在城市不能享受的轻松时间，很开心！谢谢！

梅州の、緑あふれる自然、人々のたのしそうな笑顔、連綿と紡がれて来た文化は私の心に鮮明な印象を残しました。都会では体感できないゆっくりとした時間を過ごせてとても楽しかったです！

9. 马特Matt（美国）

我爱客家文化。我爱梅州！！！这是个美丽的地方，客家人民非常非常友好。我特别喜欢梅州腌面，太美味了，我真想在美国也能吃到梅州腌面。

I love Hakka culture .I love Meizou!!! It's a beautiful place. The Hakka people are very very kind! I love Meizhou noodles!!!! So delicious. I wish we had them in America.

10. 黄桂英 （越南）

梅州在我眼里不仅仅是一个有山有水风景美丽的地方，而且那儿还有永远看不厌的茶田，那儿的天空很蓝，那儿的空气很清新，总让像我这样从小到大在城里长大的人不得不感到羡慕。我真希望以后还有机会去梅州，再一次让自己放慢生活的脚步，再一次去享受一份清静，享受绽放美丽笑容的自然。

Cảm nhận chuyến du lịch Mai Châu
Mai Châu trong mắt tôi không chỉ là nơi nước non phong cảnh đẹp tuyệt vời, mà còn là quê hương của những đồi chè tôi ngắm nhìn hoài không biết chán, bầu trời luôn xanh, không khí luôn trong lành khiến cho những đứa trẻ lớn lên tại thành phố như tôi không khỏi ghen tị mà hít hà cho đầy lồng ngực. Hy vọng rằng sau này sẽ còn có cơ hội quay lại Mai Châu, để một lần nữa cho mình được sống chậm lại, một lần nữa tận hượng sự tĩnh tâm, một lần nữa được ngắm nhìn thiên nhiên tươi đẹp.

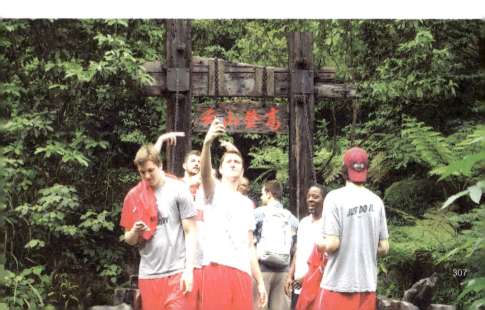

你存在，我深深的脑海里、歌声里

客家童谣

　　客家是一个善于歌唱的民系，童谣甚多。这些童谣与客家民谣一样语句通俗，而且每句句尾用同韵字，所以琅琅上口，小时念熟到老不忘。与客家民谣不同的是，客家童谣只朗诵而不唱，声调有六七个，颇富韵味。

●排排坐

　　排排坐，唱山歌，爷打鼓子涯打锣。新妇灶背炒田螺。田螺谷，刺到家官脚，家官呀呀呀，新妇哈哈笑。

●月光光，秀才郎

　　月光光，秀才郎，船来等，轿来扛。一扛扛到河中心，虾公毛蟹拜观音。观音脚下一朵花，拿给阿妹转外家，转去外家笑哈哈！月光光，秀才娘，骑白马，过莲塘，莲塘背，种韭菜，韭菜花，结亲家，亲家门头一口塘，种欸里麻八尺长，长欸拿来教酒食，短欸拿来教姑娘。

●蟾蜍螺，嗝嗝嗝

　　蟾蜍螺，嗝嗝嗝……唔读书，么老婆，一读书三公婆。无爷无哀粘叔婆，叔婆吊个烂蚊帐，蚊刁寺勿肿啵啵。

●小郎读书

　　白饭子，白珍珠，打扮小郎去读书。正月去，二月归，挑担箩夹等嫂归，归来花缸无滴水。鹅挑水，鸭洗菜，鸡公舂谷狗踏碓，狐狸烧火猫炒菜，猴哥偷食炼疤嘴。

●缺牙靶

　　缺牙靶，靶猪屎，靶到半路哦袄屎（捻鸡屎）。

●矮古鼎董

　　矮古鼎董，跌落水桶，等得咖麻来，食黑沦半桶。

●羊子咩咩

　　羊子咩咩，两角丫丫。三更半夜，四更南蛇，五更老虎。老虎来了么？冇来/来也。

●菱角子

　　菱角子，角弯弯，大姊嫁在菱角山。老弟骑牛等大姊，大姊割禾做佘唔得闲。放撇禾镰拜两拜，目汁双双流落田。

●萤火虫

　　萤火虫，找草丛，翻转屎窟，吊灯笼。

●先生教我人之初

　　先生教我人之初，我教先生打山猪。山猪漂过河，跌得先生背驼驼。

攻　关

1=G 4/4

♩ = 78

叶剑英 词
印　青 曲

‖: 3 3 - 2 3 | 3 - - - | 3 2 - 1 2 | 2 - - - |

攻城　不怕坚，　　　攻书　莫畏难，

5 3 3 1 2 3 | 6 - - - | 5 2 2 1 2 3 | 2 - - - :‖

科学　有险阻，　　苦战　能过　关。

2. 5 2 2 2 3 2 | 1 - - - ‖: 6 5 5 4 4 5 | 5· 3 5 - |

苦战　能过关。　　　　攻城　不怕坚，

6 5 5 4 5 4 | 2 - - - | 5 3 3 1 2 3 | 6· 5 6 - |

攻书　莫畏难，　　科学　有险阻，

1. 5 2 2 1 2 6 | 5 - - - :‖ 2. 2 5 5 2 3 2 | 1 - - - |

苦战　能过关。　　苦战　能过关，

2 5 - - | 3 - 3 2 | 2 - 1 - | 1 - - - | 1 - 1 0 0 ‖

苦战　能过　　关。

家乡好梅州

1=F $\frac{3}{4}$

阎 肃 词
朱德荣 曲

$(3 - 5 \mid 6 - - \mid 6\,5\,6 \mid 1 - - \mid \underline{3} - 1 \mid 1 - 1 \mid \dot{6} - -$

$\dot{6} - -) \parallel 6\,6\,1 \mid 6 - 3 \mid 6\,6\,1 \mid 6 - - \mid 6\,6\,1 \mid$

山 悠　悠，　水 悠　悠，　　悠 悠
情 悠　悠，　爱 悠　悠，　　悠 悠

$2\,1\,2 \mid 3 - 5 \mid 3 - - \mid 5 - 3 \mid 5 - \dot{1} \mid 6\,5\,6 \mid$

春 风　在 梅　州，　灵 光　美 景　万 福
相 思　梦 中　游，　好 友　亲 朋　同 叙

$1 - - \mid 2\,1\,2 \mid 3 - - \mid 2\,3\,1 \mid 2 - - \mid 3 - 3 \mid$

月，　绿 水 青 山　绕 围 楼，　家 乡 乡
旧，　香 甜 娘 酒　解 乡 愁，　家 乡

$5. - \mid 6 - \parallel 3 - 5 \mid 5\,6 - \mid 6\,5\,3 \mid 3 - \mid$

好 梅　州。　路 悠　悠，　歌 悠　悠，
好 梅　州。

$3 - 5 \mid 6\,5\,6 \mid 1\,5\,3 \mid 3 - - \mid 1 - 6 \mid 5 - 3 \mid 6\,5\,6 \mid$

山 歌　飘 过　五 大　洲，　客 家　儿 女　手 牵

$1 - - \mid 2\,1\,2 \mid 3 - - \mid 2\,3\,1 \mid 2 - - \mid 3 - 3 \mid$

手，　你 我 同 心　写 春 秋，　家 乡

$1 - 1 \mid \dot{6} - - \mid \dot{6} - - \parallel$

好 梅　州。

梦里客家

余 文词
印 青曲

1=♭A 4/4
♩=70

6 1 1 6̣ 5̣ - | 1 2 3 2 - | 2 2 2 6̣ 1̇ - | 6̣ 1 6̣ 5̣ 5̣ - |
常 常 想 起 那 山 下， 圆 圆 的 土 楼 围 龙 的 家，
长 长 相 依 月 光 下， 甜 甜 的 娘 酒 清 香 的 茶，

(2 2̇ 3̇)

6̣ 6̣ 1 6̣ 5̣ - | 1 2 3 2 - | 6̣ 2 3 2 1 · | 3 1 6̣ 5̣ - |
雁 鸣 湖 上 雁 南 飞， 采 茶 的 阿 妹 美 如 花。
客 天 下 迎 天 下 客， 多 情 的 山 歌 醉 天 涯。

[1.] 7̣ 1̇ 3 2 6 - | 4̇ 6̣ 2 1 5 - ‖ [2. 2/4] 5 6 · | 1 2̇) ‖ [4/4] 3 · 3 3 2 3 1
那 是 一 幅 山 水

[3.] 2 - - 1 2 | 5 3 3 6 2̇ 2̇ 3̇ 2 1 · 1 | 2 · 2 2 5 1 1̇ 2̇
画， 是 我 心 中 最 美 的 图 画， 那 是 一 首 田 园

6̣ · | 3 5 1 6̣ 2 1 1̇ 6̣ 5̣ - | (7̣ 1̇ 3 2 6̣ 6 3
诗， 是 我 亲 亲 梦 里 客 家。

2 - - | 4̇ 6̣ 2 1 5 5 2 | 1̇ - - - | 2 4̇ 1 6̣ 5 6̣ 2̇ ‖

5 - - - ）｜ 6̇ 1 1 6 5 - ｜ 1 2̇ 3 2 - ｜ 2̇ 2 2̇ 2 3 1 - ｜

长 长 相 依　 月 光　 下， 甜 甜 的 娘 酒

6̇ 1 6̇ 5 5 - ｜ 6̇ 6 1̇ 6 5 - ｜ 1 2̇ 3 2 - ｜ 6̇ 2 3̇ 2 1 · ｜

清 香 的 茶， 客 天 下 迎 天 下 客， 多 情 的 山 歌

3̇ 1 6̇ 5 - ｜ : 3· 3̇ 3 2̇ 3 1 ｜ 2 - - 1̇ 2 ｜ 5 3̇ 3 6 2̇ 2 3 ｜

醉 天　 涯． 那 是 一 幅 山 水　 画， 是 我 心 中 最 美 的 图

1 - - ｜ 2· 2̇ 2 5 1̇ 1 2 ｜ 6̇ - - ｜ 3̇ 5 6̇ 1 2̇ 1 1̇ 6 ｜

画，　 那 是 一 首 田 园　 诗，　 是 我 亲 亲 梦 里 客

5· - - ｜ 2· 2̇ 2 5 1̇ 1 2 ｜ 6̇ - - ｜ 3̇ 5 6̇ 1 6· - ｜

家，　 那 是 一 首 田 园　 诗，　 是 我 亲　 亲

6· 3̇ 2 ｜ 2/4 2 ｜ 4/4 1 - 2 ｜ 2 - - ｜

梦 里 客　 家．

2 - - - ｜ 2 - - 0 ‖

我唱山歌等你来

文 君 词
李沧桑 曲

1=♭E 3/4 2/4

♩=60

引子自由的、山歌风

伴唱

(6 - | 0 5 6 5 1̇ | 6 - | 6 - | 0 0 | 6 - | 0 5 6 5 1̇ |
哎　　　咿呀咿呀　嘞!　　　　　　哎!　　咿呀咿呀

2̇ - | 2̇ 1̇ · 1̇ - | 6 - | 6 - | 6 0) | 3̇ 2̇ 2̇ | 2̇ - |
嘞　哟嘞　　　喂!　　　　　　　　噢嘿

3̇ 3̇ 3̇ 6 | 2̇ - | 2̇ - | 2 3̇ 2̇ · | 2̇ - | 6 1̇ 6 |
依溜呀阿妹　(给)　　　　有好　　　　山歌(啊)

6̇ 0 1̇ 2̇ | 3̇ 1̇ 2̇ | 2̇ - | 3̇ 2̇ 3̇ 2̇ 1̇ 6 0 6 | 2̇ 1̇ - | 0 6 | 6 - |
我唱 山歌啊　　等你呀来 哟　　　噢嘿!

突快 ♩=92

3/4 6 - - | X - - | 2/4 X 0 | (简奏) 3/4 1̇ 2̇ 3̇ 2̇ 3̇ | 2̇ 3̇ | 2̇ 6 1̇ 2̇ 6 |
哟　　　喂!　　　　　　桃花 开来　李花 开,

(2̇ · 1̇ 2̇ · 1̇ | 6 1̇ 2̇ 6 0) | 3/4 1̇ 2̇ 2̇ 3̇ 1̇ 2̇ 3̇ | 6 1̇ 6 | 6 6 6 | 1̇ - |
不知何日妹　　再来 妹再来　哎!

1̇ - | 0 0 | 3/4 6 1̇ 6 1̇ 2̇ | 2/4 6 1̇ 2̇ 6 | (2̇ · 1̇ 2̇ · 1̇ | 6 1̇ 2̇ 6 0) |
妹若有心 捎封 信,

$\widehat{2}\dot{1}\ \dot{1}\widehat{2\ 3}\ |\ \dot{6}\ \dot{6}\ \dot{6}\dot{1}\ |\ \dot{2}^{\frac{3}{2}}\widehat{\dot{6}\dot{2}\dot{1}}\ |\ 6\ 6\ 6\ |\ 6\ -\ |\ (\widehat{\dot{2}\dot{1}}\ \dot{2}\dot{1}\ 66$

要是　　没空你就　托梦　　来托梦来，

$\widehat{\dot{2}\dot{1}}\ \dot{2}\dot{1}66\ |\ \widehat{\dot{3}\dot{3}}\ \dot{3}\dot{3}6\ |\ \widehat{\dot{2}\dot{3}}\ \dot{2}\dot{1}60)\ \|^{\frac{K}{}}\ |\ \dot{1}\ \dot{2}\widehat{\dot{3}\dot{2}}\ \dot{3}\ \dot{2}\ 3\ |\ ^{\frac{2}{4}}\ 6\ \dot{1}\ 2\ 6\ |$

杏花　开来　　梅花开，

$(6\ 6\ 6\dot{1}\ 2\ \dot{2}\dot{1}66\ 0)$

$\dot{1}\ 2\ \widehat{2\ 3}\ |\ ^{\frac{1}{2}}\widehat{\dot{1}\dot{2}}36\widehat{\dot{1}6}\ |\ ^{\frac{4}{3}}6\ 6\ 6\ |\ \dot{1}\ -\ |\ \dot{1}\ -\ |\ ^{\frac{3}{4}}6\ \dot{1}6\ \dot{1}\ |\ 2^{\frac{3}{2}}$

梅花　香自　苦　寒　来　苦寒来　哎！　　　寒　来暑往

$^{\frac{2}{4}}6\ \dot{1}\ 2\ 6\ |\!:\ \widehat{2\dot{1}}\ \dot{1}\widehat{2\ 3}\ |\ \dot{6}\ \dot{6}\ \dot{6}\dot{1}\ |\ \dot{2}^{\frac{3}{2}}\widehat{\dot{6}\dot{2}\dot{1}}\ |\ 6\ 0\ 6\ 6\ |\ 6\ -$

又一　载，我唱　山歌就　　等你　来等你来。

$\underset{\text{乐队}}{\oplus}\ |\!:\ 3\ |\ 3\cdot\ 6\ \dot{1}\ |\ 2\ 3\ 20\ |\ \dot{1}\ 2\ 3\ 2\cdot\ |\ \widehat{3\ 2}\ 2\ \dot{1}6\ 0\ |$

伴唱

X X X X | X X X X X X | X | X X X X X X X X | X |

桃花依溜开来嘛李呀李花开　　不知何日妹　妹你又再来

杏　花开来嘛梅花开　梅　花那个香自苦寒来

$\widehat{2\dot{1}}\ \dot{1}\dot{2}\dot{1}6\dot{1}\ 2\ 3\ 2\ |\ 3\ 5\ 5\ 6\ 6\dot{1}\dot{1}\ \dot{2}\dot{2}\dot{1}66\dot{1}\ 2\ :\|$

X X X X X X X | X X X X X X X X |

妹　若是有心捎　封信　　要是没有空　你就托　梦来

寒　来嘛暑往又　一载

315

主唱 稍快 ♩= 94

$$
\begin{array}{l}
\underline{2}\,\,\underline{3\,5\,5\,6\,6}\,\,\underline{1\,1}\,\,\underline{2\,2}\,\underline{1}\,\underline{6\,6}\,\underline{1}\,\underline{2}\,|\,\dot{2}\,\underline{1\,6\,6}\,0\,0\,0\,:\|\,\,3\,-
\end{array}
$$

哎！

伴唱

$$
\underline{X\,X\,X\,X}\,\,\underline{X\,X\,X}\,\,\underline{X\,X\,X\,X}\,|\,\underline{X\,X}\,\,\underline{X}\,0\,\underline{X\,X\,X}\,|\,\underline{1\,2\,3}\,\underline{2\,2\,3}
$$

我唱山歌唱 山歌等 你来我就 等你来 哟嗬喂！

D.S. 桃花 开来
杏花 开来

$$
3\quad \underline{2\,3\,2}\,\underline{1}\,\underline{6}\,\dot{2}\,|\,\,2\,\,-\,\,|\,\,\dot{1}
$$

哟 喔喱！ 哎！

$$
\underline{6\,1\,2\,6}\,\,|\,\underline{1\,2\,3}\,\underline{2\,3}\,\,\underline{6\,1\,6\,6}\,0\,|\,\underline{6\,1\,6}\,\underline{1\,2\,3}
$$

李花开 不知何日 妹再来 妹若有心
梅花开 梅花香自 苦寒来 寒来暑往

$$
\dot{1}\quad \underline{2\,3\,2}\,\underline{1}\,\,6\quad 6\quad -\quad :\|\,\underline{\dot{2}\,\dot{1}}\,\,\underline{2\,3}\,\,\underline{6\,6}\,\,\underline{6\,1}
$$

哟 喂！ 我唱 山歌就

$$
\underline{6\,1\,2\,2}\,0\,|\,\underline{2\,1\,6}\,\underline{1\,2\,3}\,\,\underline{6\,2\,1}\,\underline{6}\,0\,:\|\,0\quad 0\quad |\,0\,0
$$

捎封 信 要是没空就 托梦来
又一 载 我唱山歌 等你来

$$
\underline{2\,6\,2\,1}\,\,\underline{6}\,0\,\underline{6\,6}\,\,6\,-\,:\|\,2\,-\,2\,-\,|\,\underline{2\,3}\,\,3\quad -
$$

等你 来等你 来 等你 来

$$
0\quad 0\quad |\,0\,\underline{6\,6}\,\,6\,-\,:\|\,0\,0\,\,0\,0\,|\,0\,0\,\,\underline{2\,1}\,\underline{2\,1}\,\underline{6\,6}
$$

等你 来 哎呀咿呀哟 哟！

$$
3\,\,-\,\,3\,\,-\,\,3\,\,-\,\,|\,\underline{3}\,0\,\underline{X\,X}\,\,\underline{X}\,0\,\|
$$

哟嗬 喂！

$$
\underline{2\,1}\,\underline{2\,1}\,\underline{6\,6}\,|\,\underline{3\,3}\,\underline{3\,6\,6}\,\underline{2\,3}\,\underline{2\,1}\,\underline{6\,2\,1}\,|\,\underline{6}\,0\,\underline{X\,X}\,\,\underline{X}\,0\,\|
$$

哎呀咿呀哟 哟！我唱那山歌 等你 来等你 来 哟嗬 喂！

客家本色

1=G $\frac{4}{4}$　　　　涂敏恒 词曲

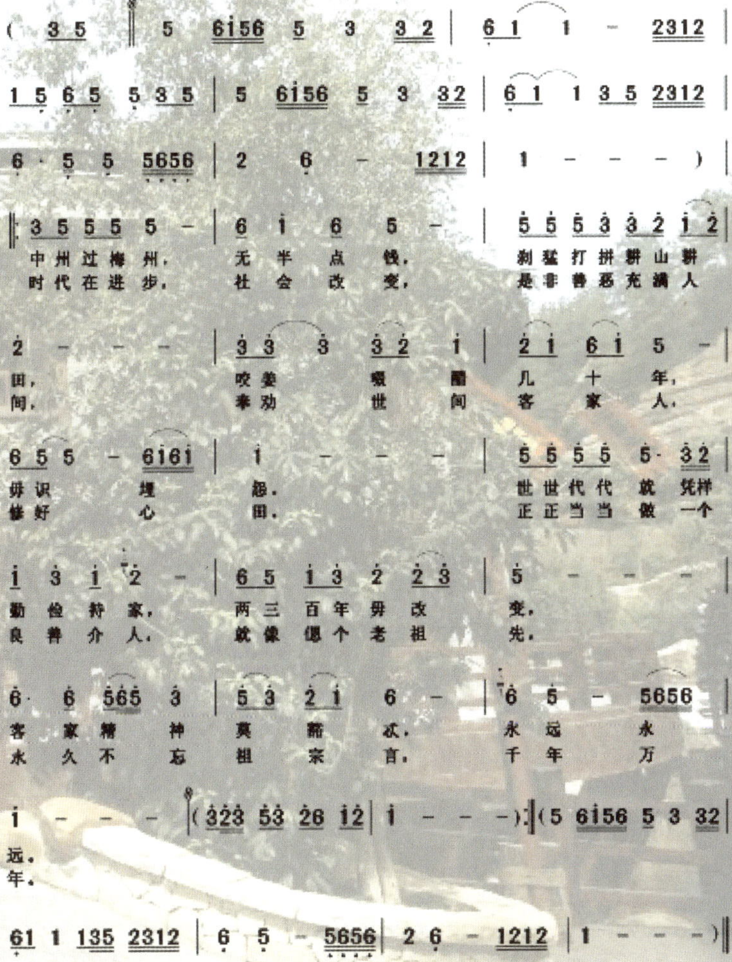
中州过梅州，无半点钱，刹猛打拼耕山耕田，咬姜啜醋几十年，毋识埋怨。世世代代就凭佯勤俭持家，两三百年毋改变，客家精神　永远永远。
时代在进步，社会改变，是非善恶充满人间，奉劝世间客家人，修好心田。正正当当做一个良善介人，就像佴个老祖先，永久不忘祖宗言，千年万年。

相思河

1=F 4/4

♩= 66

优美地

佘文 词
印青 曲

5 5 5 5 3 6 5 | 5 - | 6 5 3 5 2 1 | 1 - | 1· 1 2 3 2 1 | 6 - |

蓝蓝的天 空 白云朵 朵, 莽莽群 山
弯弯的小 河 荡漾清 波, 茫茫竹 海

5 5 6 5 3 2 | 2 - | 3 5 6 1 6 5 | 5 - | 6 5 3 5 3 2 | 3 - |

绵绵春 色, 南国红 豆 相依你和 我,
轻轻诉 说, 鸟语花 香 陶醉你和 我,

3 2 1 6· 1 2 3 2 1 6 | 0 5 3 5 2 1 2 | 1 - - - |

迷 人的小 溪 汇流成 河。
可 爱的家 乡 处处欢 歌。

1 2 1 5 - | 1 6 6 5 3 5 - | 0 3 1 7 6 5 6 5 3 2 |

梦中河, 相思河, 我爱你永远 清

2· 1 2 - | 1 2 1 5 - | 1 6 6 5 3 5 - |

澈。 母亲 河, 相思 河,

0 6 1 6 5 5 6 5 3 2 | 2 - - 3 2 1 | 1 - :| 1 - - - |

你让我永远幸 福 快 乐。 乐。

1 - - - | 0 6 6 1 6 5 6 | 3 - - 0 (0 5 6 1) | 2 1 6 6 - - |

乐。 永远幸 福 快

1 - - - | 1 - - 0 ‖

乐。

客家阿妈

作词：陈小奇
作曲：陈小奇
编曲：飞 机

1=A 4/4
♩=80

‖: 06 66 12 16 | 5 3 5 6 6 0 | 06 66 12 22 | 2 1 2 3 3 0 |

那 一年 你 送我 离 开了 家， 行 囊里 装 满了 你的 牵 挂；
那 一天 我 为你 回 到了 家， 思 念已 爬 满了 你的 白 发；

02 21 2 21 | 222 23 16 60 | 03 66 12 22 | 2 3 5 6 6 0 |

你 对我 说 客家 人什 么 都 不 怕， 是 山路 是 大道 都 在 脚 下。
你 对我 说 客家 人要 志 在 天 涯， 别 为这 老 围屋 把 心 留 下。

3 2 3 2 1 2 | 3 2 1 2 - | 2 1 2 1 6 6 | 353 5 6 6 - |

（阿 妈， 阿 妈， 仔个 好 阿妈； 阿 妈， 阿 妈， 佢个 好 阿 妈）

2.
2 1 2 1 6 6 | 353 5 6 6 356 | 6 - - 5 6 | 5 3 21 2 1 - |

阿 妈，阿 妈， 佢个 好 阿妈）阿 妈！ 仔 个 好 阿 妈！

06 22 21 221 | 2 1 2 5 3 3 | 03 66 676 53 | 221 23 212 20 |

真 实我 看得 见你的 点 点泪 花！ 你 让我 明 白了 客家的 母爱 有 多深，

06 22 21 253 | 221 23 2 51 | 6 - - - | 6 - - 3 5 6 |

你 让我 知 道了 客家的 胸襟 有 多大！ 大！ 阿

D.C.

结束句

‖: 3 2 3 2 1 2 | 3 2 1 2 - | 2 1 2 1 6 6 | 353 5 6 6 - |

（阿 妈，阿 妈， 仔个 好 阿妈； 阿 妈，阿 妈， 佢个 好 阿 妈）

2.
353 5 6 6 - | 6 - - - ‖

佢个 好 阿 妈……

客家文化等级考试，不服来战！

1. 客家名称"客"的含义是（　　）。

    A. 客家人好客

    B. 客家人是从北方迁徙到闽粤赣地区的移民，与原住民相比较是"客"

    C. 客家人客居异乡

    D. 客家人足迹遍天下

2. 客家先民大批南迁的主要原因是（　　）。

    A. 自然灾害　　　B. 躲避战乱

    C. 改善环境　　　D. 住腻了

3. 客家先民在迁徙过程中不忘将祖先的骸骨带上，安居后再选墓地安葬，此习俗客家地区一般称为（　　）。

    A. 二次葬　　　B. 风水葬

    C. 舍利葬　　　D. 捡金葬

4. 客家姓氏源头主要在（　　）。

    A. 福建闽南地区

    B. 中国江淮地区

    C. 中国中原地区

    D. 中国东北地区

5. 1996年，被文化部评为"山歌之乡"的是（　　）。

    A. 赣州　　　B. 龙岩

    C. 宁化　　　D. 梅县

6. 海外客家人最集中密集的地区是（　　）。

    A. 美国唐人街　　　B. 法国　　　C. 东南亚　　　D. 巴西

7. 客家方言是中国汉语八大方言之一，客家方言是以（　）为标准音。

    A. 梅县　　　B. 新丰

    C. 龙川　　　D. 惠城区

8. 旧时客家青年妇女的外衣颜色以蓝色居多，其原因是（　　）。

    A. 不喜欢花布

    B. 艰苦朴素的习惯

    C. 时尚

    D. 自己织布和染色的条件限制

9. 客家妇女不缠脚的主要原因是（　　）。

    A. 长途迁徙的需要

    B. 思想观念的变化

    C. 艰苦环境中生产劳动的需要

    D. 鄙视封建社会要求妇女缠足的陋习

10. 客家过年的年初七往往要吃七样菜（也称七色菜、七样羹），它们是芹菜、蒜子、葱子、芫荽、韭菜、鱼、肉，形成这一饮食文化的原因主要是（　　）。

    A. 营养与花色品种的搭配

    B. "七"字在客家文化中的特殊含义

    C. 以谐音作比喻，祈求家庭的幸福

    D. 饮食习惯

11. 传统客家菜的烹调特点是（　　）。

    A. 以炸为主　　　B. 以烤为主

    C. 以煮闷为主　　D. 以蒸为主

12. 客家地区常见的一类被称作（　）的米制食品，做主食或小吃皆可。

    A. 粄　　　B. 粉　　　C. 粿　　　D. 团

13. 客家人端午节有"挂青"的习俗，"青"是指（   ）。

    A. 柳枝　　　B. 艾草

    C. 葛藤　　　D. 菖蒲

14. "有太阳的地方，就有中国人；有中国人的地方，就有客家人"，在客家人中这句话的准确含义是（   ）。

    A. 客家人分布在所有有阳光的地方

    B. 世界各地都有客家人

    C. 客家人是移民

    D. 客家人数多，分布广

15. 客家山歌歌词的句数多是（   ）。

    A. 八句一首　　　B. 六句一首

    C. 十句一首　　　D. 四句一首

16. 客家童谣唱道："月光光，秀才郎，骑白马，过莲塘……放条鲤嬷八尺长。鲤嬷头上撑灯盏，鲤嬷肚里做学堂。做个学堂四四方，兜张凳子写文章……"这首童谣在客家地区普遍流行，它最重要的意义是（   ）。

    A. 表现了客家儿童的童趣

    B. 表现客家儿童爱学习

    C. 寄托着长辈们对子弟读书做官的热切期望

    D. 体现了客家人"耕读传家"的文化传统。

17. 客家"耕读传家"的含义是（   ）。

    A. 既知书达礼学做人，又能从事劳动谋生

    B. 一边读书，一边耕地

    C. 读书不忘劳动

    D. 劳动之余还要读书

18. 北京的四合院、陕西的窑洞、广西的杆栏式、云南的一颗印和（ ）合称为我国最具乡土风情的五大传统住宅建筑形式，被中外建筑学界称为中国民居五大特色建筑。

    A. 客家圆寨　　　　　B. 客家围龙屋
    C. 客家走马楼　　　　D. 客家四角楼

19. 中华人民共和国十大元帅中，出身于闽粤赣客家大本营的是（ ）。

    A. 朱德　　　　B. 陈毅
    C. 叶剑英　　　D. 刘伯承

20. 客家家族祠堂前或者屋前、陵墓前所立的石旗杆（又称石楣杆、石笔），它的作用是（ ）。

    A. 便于区分祠堂属于哪个家族
    B. 便于记载本族考上秀才、举人、进士和当官的子弟的名字
    C. 激励子孙后代成才立业
    D. 代表家族势力

答案：
BBACD
CADCC
CACDD
DABCC

梅州的四季月历

春季

一年之计在于春。此时的梅州，草长莺飞，绝对是你赏花的好去处。不管是大东坪山梯田的千亩油菜花、阿鲤廊的格桑花、蕉岭的禾雀花、雁南飞的茶花，还是雁鸣湖的柚花，都争相向我们展现这个季节的缤纷热情。城里，街边，无论是成排的木棉，还是谁家阳台的杜鹃，都是火红火红的，不经意间装扮了大地。每一处，都是景致。

夏季

　　梅州山清水秀，在夏季，是一个不可多得的避暑胜地。到龙鲸河玩一场漂流，去相思谷感受壮观瀑布，或者在长潭乘船尽情畅游，都是极好的。桥溪古韵，在山水间嬉戏；大麻古镇，在田园间赏花；丰溪林场，在竹林间耳语；五指栈道，在云海间漫步。还可到八乡山来一场约会，体验花花世界与峡谷风情，与友人醉在山水田园之中。平远的枇杷、雁鸣湖的杨梅……各种应季水果刚好成熟，游玩时别忘体验采摘的乐趣。

秋季

秋天是丰收的季节。长潭水面枫叶红，南福春秋金柚香。相思河畔捡红豆，均田村中赏银杏。平远仓子下，梯田层层，铺翠流金；慈橙、金柚，挂满枝头。这个季节，是视觉与味觉的盛宴，让你倍感舒适与惬意。这个季节，还适合登高望远，铜鼓峰、七目嶂、阴那山的星星和日出都很美哟。

冬季

冬天请一定要到"温泉之城"梅州来！最舒服的事，莫过于到丰顺泡泡温泉，到五华洗洗泥浴，既能放松自我，又有保健疗效。麓湖山的杏花开了，玉水古村的李花也如雪般绽放，扮靓了整个大地。携上亲朋与好友，走进花萼楼品年味，看埔寨火龙气势辉煌，再喝上一碗客家娘酒暖暖身子，岂不乐哉。访南洋古道松口，听古镇千年传奇。穿行于百侯三十六巷，游走各种特色民居。看梅花悬挂枝头，时光缓行，岁月静好，让人尽享慢生活。

我的朋友，你从哪里来？

飞机：

　　想要来梅州，最快的交通工具就是飞机！我不会告诉你梅州就有机场——梅县机场。梅县机场位于广东省梅州市梅江区三角镇长岗岌，距市区中心4千米。梅县机场现已开通的航线有"梅县—香港"、"梅县—广州"、"梅县—珠海"、"梅县—深圳"、"梅县—台中"、"海口—梅州—上海"、"梅州—郑州—天津"。

　　来梅州直接"打飞的"就对了，要是你所在城市没有直飞梅县机场的航班，你可以选择距离梅州仅1.5小时车程的揭阳潮汕国际机场，该机场每天发往梅州的巴士有4班，发车的时间依次为10:30、13:00、16:00、18:00。

梅县机场航班时刻表（2015年6月更新）

航程	航班号	逢周几	起飞时间	到达时间
梅县—广州	CZ3340	周一至周日	09:45	10:35
	CZ3334	周一	17:30	18:35
		周一、周二、周四、周五、周六	16:40	17:35
		周三、周日	12:20	13:10
	CZ3338	周二、周四、周六	22:00	22:50
		周一、周三、周五、周日	22:10	23:00
广州—梅县	CZ3333	周一至周日	10:25	11:25
	CZ3339	周一至周日	08:10	09:00
	CZ3337	周二、周四、周六	16:15	17:15
		周一、周三、周五、周日	20:25	21:20
梅县—香港	CZ341	周一	13:30	14:40
		周五	12:30	13:55
香港—梅县	CZ342	周一	15:40	16:55
		周五	14:55	16:00
梅县—珠海	CZ3373	周二、周四、周六	12:50	14:00
珠海—梅县	CZ3374		14:50	15:50
梅县—深圳	CZ3371		18:10	19:20
深圳—梅县	CZ3372		20:40	21:40
海口—梅县	GS6471		08:10	09:45
梅县—上海			10:25	12:05
上海—梅县	GS6472		13:15	15:10
梅县—海口			16:10	17:40
梅县—台中	AE7218	周二、周五	14:00	15:35
		周三	18:55	20:30
台中—梅县	AE7217	周二、周五	11:30	13:05
		周三	16:20	17:55
天津/郑州—梅县	GS6659	周二、周四、周六	08:25	13:00
梅县—郑州/天津	GS6660		08:25	13:00

具体时刻以民航售票系统为准，购票及咨询电话：0753-2242716，0753-2112283

铁路：

你只需再给梅州多一点时间，乘坐高铁不再是梦！

梅州境内第一条高速铁路——梅汕高铁已于2015年正式开工建设，线路北起新建的梅州西站，途经梅州市丰顺县、揭阳市，南至潮州市，引入厦深高铁潮汕站，全长122.5千米，预计2018年建成通车。届时，梅州至深圳和厦门的时间将缩减至2.5小时以内，梅州至广州3小时内可到达，梅州至汕头也仅需半小时。

除了高铁，属广州铁路梅州段的梅州火车站，现也有16次列车始发或经停，主要连接广东和福建等周边城市，是你不二的选择！

梅州站列车简明时刻表（2015年6月更新）

车次	区间	始发站	终点站
T8365/8	广州东—梅州	16:23	21:58
T8367/6	梅州—广州东	08:40	14:03
T8379/82	广州东—梅州	09:15	14:50
T8381/0	梅州—广州东	15:25	20:55
T8369	梅州—深圳	09:25	14:36
T8370	深圳—梅州	15:25	20:42
K9189	梅州—汕头	21:26	23:48
K9190	汕头—梅州	11:30	14:05

车次	区间	到梅州	梅州开	终点站
K230/1/0/1	厦门高崎—昆明	22:51	22:57	07:57
K232/29/32/29	昆明—厦门高崎	02:55	03:05	
K197/200/197	上海南—深圳西	22:08	22:18	05:25
K198/9/8	深圳西—上海南	13:44	13:52	13:39
K297/300/97	广州东—厦门高崎	02:29	02:41	08:23
K298/9/8	厦门高崎—广州东	00:06	00:12	06:55
K799/8/9	武昌—汕头	05:20	05:50	08:38
K800/797/800	汕头—武昌	19:30	19:55	11:35

以上时刻仅供参考，若有变更，以火车站通知为准。

客车：

　　梅州公路交通快捷便利，有直达浙江、江西、福建、海南、珠三角等省市的数十条客运班线。广东的深圳、珠海、佛山、惠州、汕头每天都有发往梅州的客车，广州天河客运站则每隔30分钟就有一班，全程高速直达。

主要客车联系方式

梅州市粤运江南汽车站
地址：梅江区彬芳大道38号
联系电话：0753-2269568

梅州市汽车客运公司（五洲城汽车站）
地址：梅石路2路901
联系电话：0753-2222137

梅州市月梅汽车客运站
地址：梅县区梅松路
联系电话：0753-2352698

梅州市梅县区顺风新城汽车客运站
地址：梅县区广梅北路60-4号
联系电话：0753-2522136

梅县区锭子桥汽车站
地址：梅县区广梅中路98号
联系电话：0753-2516636

客都旅游车队包车
联系电话：0753-2839668

自驾游：

从广州方向：广惠高速—惠河高速—河梅高速—梅州（市区）

从深圳方向：深惠高速—惠河高速—河梅高速—梅州（市区）

从潮汕地区：汕昆高速公路—梅龙高速—梅州（市区）

从龙岩地区：厦蓉高速—长深高速—梅州（市区）

从赣州地区：赣州绕城高速—厦蓉高速—长深高速—梅州（市区）

出租车：

梅州的士统一电召电话：0753-8661234。

梅州出租车的起步价：起步基价（2公里内）一类车5元、二类车4元；续程运价：一类车每公里1.818元，二类车每公里1.538元；一类车每1元行驶里程为550米，二类车每1元行驶里程为650米。燃料附加费1元，出租小汽车夜间加价时间为23时至次日凌晨6时，加价标准为在正常运费基础上加收30%。

公交车：

梅州市内有30多条公交线路，基准票价2元，其中，途经部分景区景点的公交线路有：

1路：泮坑旅游区、泮坑小学、龙上小学、水白中学、金龙花园、三角镇政府、泮坑路口、三角地、鱼苗场、教育学院、冷冻厂、气象局、大坵口、文玉幼儿园、梅州市政府、作新小学、玉英医院、自来水厂、百家苑、江南百货、保险公司、三板桥、东山大桥、客家公园、富乐花园、高级中学、侨新路口、陂塘、东厢市场、嘉应大学、月梅、嘉大西校门、碧桂园（往←→返）

4路：客家祠、客天下、火车站、站前路口、电力大楼、梅园市场、梅园新村、金三角市场、海关大楼、江南车站、梅龙商城、东山桥头、东山大桥、东山公园、江边路、华侨大厦、文化公园、虹桥头、华盛顿广场、中医院、东厢市场、嘉应大学、月梅、嘉大西校门、碧桂园（往←→返）

9路：公共汽车总站、梅江三路、嘉应桥头、嘉应西路、西桥职业学校、秋云桥、渡江津加油站、卢屋岗、顺风车站、锭子桥加油站、锭子桥汽车站、西山村道、古塘坪、槐岗村道、铁卢桥医院、扶大路口、江北院区、梅县宪梓中学、梅县看守所、扶大工业园、交警支队、志联厂、烟叶复烤厂、车陂、潘屋桥头、益昌候车亭、开发区、南口车站、南口中学、麓湖山（往←→返）

10路：新梅县人民医院、梅县人民广场、新贵生活林、程江镇政府、和安花园、大新城路口、文化城、万秋楼、扶贵路口、华侨城广场、科技路口、御花苑、丽群小学、嘉应西路、嘉应桥头、新中苑、财政局、市公安局、秀兰大桥东、黄坑村、申坑村、双璜村（黄坑隧道）、晒禾滩、丙村电站、丙村路口、剑英纪念大桥、松坪、雁洋、剑英纪念园、卡莱轮胎厂、三坎石、雁鸣湖景区、南福村、塘心村、灵光寺景区（往←→返）

12路：博敏电子厂、东升工业园、东升村、货运场、火车站、站前路口、强华厂、市技工学校、三角地、广州本田、陶然居、梅雁中学、万秋楼、扶贵路口、华侨城广场、科技路口、御花苑、丽群小学、西桥职业学校、秋云桥、渡江津、医学院门诊、西郊医院、西郊乡政府、眼科门诊、黄塘路口、英才小学、小花庄、五洲城汽车站、梅州中学、赤岌岗、虹桥头、文化公园、东教场、华侨新村、侨新路口、高级中学、富乐花园、千佛塔路口、千佛塔（往←→返）

13路：千佛塔、千佛塔路口、富乐花园、高级中学、侨新路口、文化公园、泰康路口、剑英桥下、金利来大街、程江桥头、西桥市场、丽群小学、御花苑、科技路口、人民北路、人民北路路口、巡警大楼、锭子桥、锭子桥加油站、锭子桥车站、西山村道、古塘坪、新城门楼、梅县交警大队、新城中学、梅县人民广场、梅县公安局、车上、新县城、公园北路、梅县新人民医院（往←→返）

16路：千佛塔、千佛塔路口、富乐花园、高级中学、侨新路口、陂塘、中医院、华盛顿广场、赤岌岗、梅州中学、五洲城汽车站、五洲城、五洲学校、梅县技工学校、铁路口、五里亭市场、城北中心小学、五里亭、环市路、城北中学、新田村、黄坑村、洋文村（往←→返）

17路：梅县机场、泮坑路口、三角地圆盘、剑英公园、田家炳医院、市交通局、富奇路口、客都大酒店、客都新村、客都新村C区、剑英体育馆、市政府、公汽总站、梅江三路、新中苑，财政局，市公安局，秀兰大桥东、黄坑村、申坑村、双璜村、丙村电站、晒禾滩、丙村路口、剑英纪念大桥、松坪、雁洋、剑英纪念园、卡莱轮胎厂、高简、太坪桥、高坑村、雁南飞（往←→返）

20路：千佛塔、市职校、院士广场、亲水公园、东山中学、东山公园、江边路、华侨大厦、泰康路、金利来大街、程江桥头、西桥市场、丽群小学、怡花苑、科技路口、人民北路、永光路口、扶山路、大新路、县行政服务中心、梅县人民广场、梅县交警大队、新梅县人民医院、公园北路、梅县宪梓中学（往←→返）

24路：梅县新人民医院、梅县人民广场、新城中学、梅县公安局、车上、新县城、三峰山门凹、葵岗、燕山村道、双桥、锦鸡、问礼小学、葵黄村道、侨乡村、南口车站、南口中学、龙塘、榕岗、瑶上（往←→返）

25路：粤东医院（梅县区人民医院）、梅县区交警大队、梅县区人民广场、新城中学、梅县公安局、梅县区公共事业局、天地宾馆、岗子上、城区地税分局、新城医院、集一建材城、梅雁中学、陶然居、广州本田、三角地、三角地圆盘、剑英公园、田家炳医院、市交通局、丽都新村、宪梓中学、友谊宾馆、三乡、东升加油站、客天下路口、客天下（客家祠）（往←→返）

有些事，咱们慢慢聊

都说慢工出细活，经过将近一年的努力，《慢城梅州》终于和大家见面了！

写到这一页的时候，所有人都长长舒了一口气，往日吵吵闹闹的"你来编编编起来"主创团队QQ群也悄悄地平静下来。编制这本书，需要小伙伴们的激情与创意，更需要父老乡亲们的帮助与支持。不少朋友听说我们要出这么一本书，都老热情啦，出点子、发照片、传资讯……小编在这里给各位点100个赞！

特别是梅州市摄影家协会的各路摄影高手及梅州的摄影发烧友们，为了配合图书的编排，他们拿出了许多珍藏的精美图片。请给小编3分钟，让小编把他们的名字大声念出来——陈根深、陈凌云、陈羽戈、陈潮华、陈炜、陈昱菱、黄麟胜、黄小刚、何贯之、何小康、何小力、何方、雷建文、李宝贤、李程、李律宁、梁伟龙、廖俊鸿、梁霭婷、利益、刘达意、刘秀芬、刘梓安、林佛全、林铭升、林旭稳、罗金星、罗造、梅子、彭丽君、彭勇辉、彭增元、饶佳佳、汤伟青、唐叙平、涂永平、王琳玲、温君明、吴远松、吴文丹、吴增胜、巫广锋、谢伟志、熊淦昌、徐兴、许玉琳、杨维强、杨寅、姚雁、叶繁荣、袁群华、余加、曾明、曾永颂、张钧良、张明、张仁、张荣华、张远清、章庆煌、钟敬丹、钟文展、周勇明；还有不少素未谋面的高人，如网友松龄、咏鸣、羽毛球、阿旺哥、七剑、缘系广云等等，大师之作一"出场"，慢城梅州的小资情调便跃然纸上。跟着美图游梅州，便也成了一种享受。

 主创团队：　　　昱菱　　　　　文丹　　　　　钟滢　　　　　郑捷

由于时间仓促，未能及时与部分入选本书的作者取得联系，在此向您致歉并请您放心，我们一定会支付相应稿酬，或予以赠书。当然，如果发现书中的纰漏之处，欢迎您随时与我们联系。

　　梅州的好去处，其实远不止书里的这些；梅州的美，也绝不是这里的文字所能囊括。只有亲自徜徉梅州，你才能真正感受到"慢"如一股清新的空气，沁人肺腑。"采菊东篱下，悠然见南山"的意境竟是如此真实地存在。

　　在小编们的眼里，"慢城"的"慢"，并不单指慢本身，而是涵盖可持续的发展、有效率的工作、有品位的生活以及对人自身发展质量的尊重等多个方面。这是一种对城市化、工业化、现代化浪潮下能源浪费、环境污染、人情冷漠等后果的反思与超越，是关于平衡慢与快、传统与现代、社会与自然之间关系的实践。

　　如果你也曾因快节奏、急匆匆的都市生活累得精疲力竭，不妨来到梅州，尝试一下放慢生活的脚步，放下压力，放松心情，找到快乐的生活步调，重拾一种怡然自得的生活境界吧。

联系我们的多种方式：
- 登录我们的官网：http://www.gdmzwhlytsq.com
- 给我们发封E-mail：gdmztsq@163.com
- 跟我们电话聊聊：0753-2292238
- 登录新浪微博搜索："广东梅州文化旅游特色区"
- 来个微信扫一扫：官方微信"梦里客家"二维码

陈炜　　　杨琳　　　显梅　　　维侠　　　国龙